의미 있는 도전

강에는 물이 넘쳐
흐르고

강에는 물이 넘쳐 흐르고

의미 있는 도전
정종환

태학원

차례

이야기의 시작
송역당(松櫟堂) | 10
추억(追憶) | 23

공직의 길
공직의 시작, 농림부 | 28
숙명의 만남, 교통부 | 32
미국 유학 | 35
성장의 계단 | 42

정책의 첫 단추, 서기관
항공 정책 과장 | 50
도시 교통과 두더지 과장 | 53
고속 철도를 잉태한 수송 조정 과장 | 59
비상하는 항공 산업과 국제 항공 과장 | 67
미완의 모범택시, 다시 교통 과장으로 | 74

공무원의 꽃, 국장
산본 신도시에 사는 공보관 | 78
인천국제공항을 품은 항공 국장 | 81
교통부 마지막 관광 국장 | 87
행복한 국토 계획 국장 | 94

뜻밖의 발탁
초석이 된 기획 관리 실장 | 98
막다른 길에서 | 103

철도 100년, 철도청장
혁신의 시작 | 108
대전 시대와 관광 철도 | 114
현장 중심 경영과 철도 100주년 | 120
유명세와 망신 | 126
대전살이와 인재 발굴 | 131
철도 민영화와 호남 고속 철도 | 136

공직자 CEO
다음 보직이 없는 퇴직 | 144
꿈의 제주도 | 146
사라진 고속철도건설공단 | 153

차례

고속 철도 개통
한 지붕 두 가족, 한국철도시설공단 | 160
미완의 개통 | 165
원고 도롱뇽 | 168
6시그마 경영 | 171
PM 혁명 | 175
평가 | 178
퇴임 준비 | 182

다시 공직으로
유유자적(悠悠自適) | 196
인사 청문회 | 201

국무 위원, 국토해양부 장관
국토해양부 | 206
위기 그리고 보금자리 주택 | 209
경인 아라뱃길 | 217
세 번째 활주로와 3단계 건설 | 226
속도 혁명 | 232
해양과 수산 | 237
세종시 수정안 | 241

4대강(江) 살리기

시작 | 246

결단 | 251

장관 주재 비상 경제 대책반 회의 | 256

사업의 당위성 | 259

문명의 강 VS 자연의 강 | 266

해결사 장관 | 273

완공 | 282

의원 면직

최장수 장관 | 292

이임(離任) | 295

소회(所懷) | 300

공동 저자 후기

후기 | 304

저자 프로필
화보

저자 프로필 | 308

화보 | 310

이야기의
시작

송역당(松櫟堂)

추억(追憶)

송역당(松櫟堂)

아침 일찍 반가운 전화가 왔다.
"잘 있었어요?"
지난주에 만나기로 했다가 컨디션이 좋지 않다고 약속을 취소해서 걱정했는데 힘찬 목소리로 전화를 주셨다.
"건강은 어떠세요?"
"아주 좋아요. 오늘 병원에 결과 보러 가는 날인데 시간 괜찮으면 점심 같이합시다."
"네, 좋습니다."
참 다행이었다. 타고난 건강을 자랑하셨는데 최근 몇 년간 원인 불명의 빈혈로 시달리고 계셨다. 하기야 누군들 온전했겠는가? 장관을 퇴임하고 나서도 6년이나 4대강 사업으로 매년 국회에 불려가 국정 감사의 단골이 되었다. 그리고 치수(治水)에 성공한 이명박 정부의 4대강 사업 성과를 깎아 내리기 위해 박근혜 정부와 문재인 정부에서 각각 2번씩 유례가 없는 감사원 감사를 총 네 번이나 받았다.

특히 문재인 정부에서 실시한 두 번의 적대적 감사는 도가 지나쳤다. 그럼에도 문제가 될 만한 지적을 하지 못해 4대강 건설에 참여했던 직원들이 한 사람도 검찰에 고소, 고발을 당하지 않았으니 불행 중 다행이었다. 물이 부족한 국토에 지하수를 가득 채우고, 메마른 강(乾川)에 강물이 넘쳐 흐르고, 홍수와 가뭄으로부터 안전한 나라를 위해 4대강을 살렸는데, 이를 오로지 정치적인 목적으로 폄훼하고, 정쟁으로 악용하는 악풍(惡風)을 정면에서 대응했으니 없던 병도 생겼을 것이다.

약속한 시간에 서울대학교병원 로비에서 장관님을 만났다.
"의사가 뭐래요?"
"검사 수치가 다 좋다고 그러네. 하하!"
기분이 좋은 듯 환하게 웃으셨다.
"혈색이 좋아 보이시네요."
"그렇지요? 요즈음 건강이 좋아지는 게 몸으로 느껴져요."
실제로 혈색이 많이 좋아졌고, 열정적이던 옛 모습이 살짝 살아났다.

"날씨가 좋은데 산책하시겠어요?"
"아니요, 오늘은 쉽시다."
서울대학교병원에 오는 날이면 창경궁을 산책하며 나무 둘러보는 걸 좋아하셨는데, 근래엔 오래 걷는 걸 조심하고 있다고 했다.
"오늘 점심은 뭐로 할까요?"
"장관님 좋으신 걸로 추천해 주세요."
사실 상의할 필요가 없었다. 예전엔 이태리 음식 등 다양한 음식을 즐기셨는데 요즈음은 건강이 약해져서 그런지, 아니면 연세가 드셔서 그런지 중국 음식에 대한 선호가 높아졌다.
"중식당 어떠세요?"
"좋지요."
종종 가는 삼청동에 있는 중식당으로 갔다. 조금 이른 시간에 도착한 식당은 코로나의 영향인지 한산했다. QR 체크를 하고 안내 받은 방에 마주 앉았다.
"병원이 가까우니 편하시지요?"
"집에서 택시로 10분이면 병원에 가요."
얼마 전까지 고향인 충남 청양군에서 가까운 서천군에서 부부가 직접 설계하고 자재 하나하나를 고민해서 50여 가구가 모여 사는 문장리 시골 교회 옆에 황토를 사용하고 지하수와 지열을 이용하는 40여 평의 이층집을 짓고 사셨다.

나지막한 언덕 위에 오래된 상수리나무 군락이 울타리처럼 자리한 곳에 주황색 기와로 지붕을 올리고, 밝은색 벽돌로 집을 지어 소나무처럼 푸르고 참나무처럼 겸손한 집이라는 의미로 '송역당(松櫟堂)'이라고 이름을 지었다고 했다.

송역당에서 칠순(七旬)을 지내고, 그럭저럭 시골 생활이 익숙해지면서 서울 나들이가 뜸해질 즈음에 타고난 건강을 자랑했는데 건강에 이상 신호가 왔다고 했다.
"젊어서 너무 혹사하신 거 아니세요?"
"아마 그랬을 겁니다."
건강이 나빠지자 제일 먼저 떠오른 건 700권의 경영 서적을 탐독하고, 40,000명에 육박하는 직원들을 상대하며 현장에서 대작하던 철도청장 시절이 떠올랐다고 했다. 그러나 이제 와서 어쩌겠는가? 서울을 오가며 몇 차례 시술을 받고, 외래를 다니면서 치료했지만 문제는 서울을 오가는 것이 만만치 않았고, 시골에는 응급 상황이 생기면 가까운 곳에 종합 병원이 없었다. 아내가 송역당 생활을 좋아해서 망설였지만, 지속적인 치료가 필요해서 송역당을 비워두고 서울대학병원에서 가까운 서울정부청사 인근으로 이사했다고 했다. 낙향한 지 10년 만에 서울로

나지막한 언덕 위에
오래된 상수리나무 군락이 울타리처럼 자리한 곳에
주황색 기와로 지붕을 올리고, 밝은색 벽돌로 집을 지어
소나무처럼 푸르고 참나무처럼 겸손한 집이라는 의미로
'송역당(松櫟堂)'이라고 이름 지었다.

돌아온 것이다.

"와! 진짜 시골이네요."

충남 서천군에 집을 짓고 낙향했다고 해서 집 구경을 갔었다.

공직에 있을 때 결재한 금액을 합하면 수백조 원에 달할 거라는 전직 국토해양부 장관 부부가 낙향했다고 해서 적당한 시골에 고급스러운 전원주택을 상상하고 찾아갔다. 그런데 우선 생각보다 서울에서 너무 멀었다. 고속 도로를 빠져나와서 군(郡)을 지나고, 면(面)을 지나쳐, 리(里)까지 들어가자 시골 교회 옆 나지막한 언덕 위에 단아하지만 화려하지 않은 '송역당(松櫟堂)'이 있었다. 논밭에 둘러싸여 집 몇 채 없는 마을은 집값이 오를 리 없는 진짜 시골이었다.

"어서 오세요, 먼 길 오시느라 수고하셨지요?"

검게 그을린 농부의 모습으로 반갑게 맞아주셨다.

"시골 생활이 안 불편하세요?"

"할 만해요."

지인으로부터 분양 받았다는 진돗개 두 마리를 경호 요원으로 채용하고, 청란을 낳는 귀한 닭들을 키우며 텃밭에서 농사를 짓고 산다는데 진돗개 두 마리가 인상적이었다. 까맣고 강해 보이는 '흑표'는 외곽 경호를 담당하고, 누렇고 잘생긴 '황초'의 임무는 양계장의 닭을 지키는 것이라고 했다. 처음엔 '황초'가 닭을 괴롭혔는데, 주인이 닭과 함께 먹이를 주자 가족으로 인식했는지 잘 돌보고 있다고 하면서 크게 웃었다.

송역당 곳곳에는 아직 자리잡지 못한 잘생긴 나무들이 눈에 띄었다. 원래 나무에 대해 해박한 장관님은 친우들이 하나둘씩 보내줬다고 나무 자랑을 하였다. 잘생긴 나무들이 자라서 자리를 잡으면 송역당은 품위를 더할 것 같았다.

사모님은 화초를 가꾸며 오미자, 구기자, 여주 같은 약제를 능숙하게 농사하고, 양계하는 재미에 빠졌다고 하는데 두 분 모두 명품 생활과는 거리가 먼 진짜 농부였다.

"서울에는 자주 오세요?"
"자주는 못 가고, 특별한 일이 있으면 가끔씩 갑니다."
모임에 참석하거나 약속이 있으면 한 달에 몇 차례 기차 편을 이용해서 서울 나들이를 하는데, 시골집에 혼자 있을 아내를 생각해서 당일치기를 원칙으로 한다고 했다.
거리와 교통편을 생각하면 보통 일은 아니었다.
"우리가 농사지은 건데 갈 때 가지고 가세요."
떠날 때 한 보따리를 챙겨 주시는데, 드라마 '전원일기'가 떠올랐다.

서울에 오신다는 날 용산역으로 마중을 나갔다.
"계란 꾸러미는 뭐예요?"
"일반 계란이 아니고 청란입니다."
사모님이 청계와 오골계를 직접 양계(養鷄)해서 얻은 청란이라고 했다.
철도청장 출신의 전직 장관이 청란 꾸러미를 한 보따리 들고 새마을호를 이용해서 서울 나들이를 하셨다.
"누구 주시려고 이렇게 소중히 들고 오셨어요?"
대답이 서울 사는 자녀들일 줄 알았는데 뜻밖이었다. 서천과 서울을 오가는 기차 안에서 전직 MBC 앵커 출신 조정민 목사의 설교를 듣는데, 설교 중에 목사님이 계란 프라이를 좋아한다는 얘기를 듣고 청란을 모아두었다가 서울에 오는 날 지인을 통해 배달한다고 했다.
"이제는 계란 배달도 하세요?"
"그러게나 말이야. 하하!"
청란 꾸러미는 생각보다 무거웠다. 매사에 당당하신 분이니 전직 장관의 계란 배달은 그렇다고 치더라도 전직 장관 부인이 닭을 키운다는 것은 이해하기 어려웠다.
"사모님께서 농사 짓고, 닭도 키우세요?"
"그럼! 우리 집사람이 농고 출신인데다 젊었을 때는 농촌지도소 공무원이었어요."
어쩐지~, 농사 짓고 양계하는 일이 하고 싶다고 아무나 할 수 있는 일은 아니었다.

두 분이 청양농업고등학교 동기 동창이라고 하니 어느 정도 이해는 되었지만, 그래도 전직 장관 부부가 낙향해서 농사짓고, 닭을 키운다는 게 경이로웠다. 무엇보다 대부분 성공한 사람들은 그에 걸맞은 삶으로 변하는 게 일반적인데, 고향을 떠날 때의 마음과 모습 그대로 고향으로 돌아가서 살고 있는 특이한 공직자 부부였다.

식사하면서 이런저런 얘기를 나누다가 다시 한 번 얘기를 꺼냈다.

"장관님! 이번엔 시작하시죠?"

"뭘요?"

"회고록이요."

"글쎄요, 생각은 해 봤지만 아무래도 자기 자랑이 될 것 같아서 조심스러워요."

이미 몇 차례 오고 간 얘기다. 회고록이라는 게 쓰다 보면 자기자랑처럼 되기 십상이니 염려하는 게 당연했다. 그러나 다소 자랑처럼 보인다 해도 대한민국이 급성장하던 시기에 공직자로서 사회 간접 자본(SOC: Social Overhead Capital) 사업의 대부로 활약했던 이야기가 흥미진진할 것 같았다. 그리고 후배들에게 그 시절에 일어났던 40년의 이야기를 남기는 것도 보람 있는 일일 거라고 설득했다.

"한번 해 봅시다."

승낙을 했다. 그러나 막상 하자고 하니 아이러니하게 염려가 되었다.

무슨 일이든 신중히 결정하지만 결심이 서면 망설임 없이 추진하는 분이다. 더구나 본질과 핵심에 접근하는 속도가 남다르고, 치밀함과 열정이 몸에 배인 분이니 시작부터 긴장이 되었다.

에피소드를 듣기 위해 조용한 장소를 찾다가 마땅한 장소를 찾지 못하고, 여의도에 있는 아시아투데이 사무실에서 하기로 했다.

"퇴임 후에 청빙하는 곳이 없으셨어요?"

경력과 무관해 보이는 종합 일간지 '아시아투데이' 사무실은 장관직에서 물러나고 낙향했을 때, 평소 가까이 지내던 발행인이 세상과 너무 멀어지지 말라고 신문사 한편에 자리를 마련해 줘서 가끔씩 이용한다고 했다. 보통 고위 관료들은 퇴직 후에 대기업 사외 이사로 가거나 대형 로펌에서 청빙하는 게 관례인데 의외였다.

"여러 곳에서 오라고 했지요."

최장수 국토해양부 장관으로 퇴임하자 여러 곳에서 청빙이 있었다고 한다.

충분히 활동할 나이였고, 과분한 조건을 제시해서 잠시 흔들렸지만 일국의 국무 위원을 지낸 사람으로서 거취가 조심스러워 사양했다고 했다. 하기야 세상에 공짜가 어디 있겠는가? 대우를 받으면 받은 만큼은 해 줘야 할 텐데, 결국 후배들에게 부담 주는 일이 아니겠나 싶어서 정중히 사양했다고 했다.

그리고 나서 계획보다 일찍 낙향했는데, 낙향도 쉽지 않아서 60대 중반의 전직 장관이 고향으로 내려가자 정치한다는 소문이 들렸다고 했다.

"진짜로 정치에 뜻은 없으셨어요?"

정치외교학과를 졸업했고, 농림부에 들어가면서 정치에 목표를 세웠지만 교통부로 옮긴 뒤로는 뜻을 접었다고 했다. 그러나 딱 한 차례 진지하게 정치권 진출을 고민한 적이 있었다고 했다.

"그때가 언제예요?"

2006년 5·13지방 선거였다고 했다.

철도청장으로 재직할 때, 철도 중심에서 고객 중심으로 철도청을 개혁하자 한국 철도 100년사에 철도청이 내로라하는 민간 기업들을 제치고 한국능률협회에서 선정하는 고객 만족 경영 대상을 수상하고, 개인적으로는 고객 만족 경영 최고 경영자상을 수상하자 언론이 관심을 보이고 인터뷰와 강연 요청이 쇄도했다고 했다. 그리고 당시 인기 프로그램이었던 MBC '성공 시대'에 출연하면서 대중의 인지도가 생겼는데, 한국철도시설공단 이사장으로 재임 중에 경부 고속 철도를 차질 없이 개통하자 정치권의 조명을 받았다고 했다.

여의도 정가에서는 대전과 청양 인근을 지역구로 둔 국회의원들이 출마 여부에 촉각을 세웠고, 당에서는 충남 지사와 대전 시장 후보군에 이름을 올리며 출마를 부추기는 사람들이 생겼다고 했다. 그중에는 항상 능력을 높게 평가해주는 오랜 벗 한나라당 강창희 의원(훗날 국회 의장 역임)이 앞장섰는데, 2006년 5·13지방 선거 한나라당 후보로 대전직할 시장에 출마할 것을 강력히 권했다고 했다. 마음이 흔들렸고 잘할 자신도 있었다. 그러나 아내와 오랜 상의 끝에 공천자 발표를 하루 앞두고 출마를 포기했다.

이 선거가 박근혜 대통령의 "대전은요?"로 유명한 선거였다.

정치는 뛰어드는 기백보다 멈추는 용기가 필요한데, 장관님은 멈추는 용기를 선택한 것 같았다. 그 후로는 정치권과 거리를 두고 살았는데, 이번엔 4대강 장관으로 유명세를 치르고 고향으로 돌아간다고 하니 정치 참여를 위한 포석으로 오해할 만했다.

"공직에는 몇 년 계신 거예요?"
"40년 동안 공직에 있었습니다."

71년도에 제10회 행정 고등 고시에 합격하고, 2011년 5월 31일 국토해양부 장관으로 퇴임했으니 40년 동안 공직자였다.

추억(追憶)

이사 왔다는 집에서 가까운 서울정부청사 뒷문 근처 스타벅스에서 반갑게 만났다.
"50년 만에 공직의 출발점으로 돌아오셨네요."
"그런가요?"
서울정부청사는 예전에 농림부가 있던 청사로 추억이 많은 동네라고 했다.
"공직을 교통부가 아닌 농림부에서 시작하신 거예요?"
"그랬지요. 농림부에 가고 싶어서 연수 후에 6개월 기다렸다가 발령 받았어요."
그런데 2년 만에 교통부로 전보되었다고 했다.
"교통부도 종합청사에 있었나요?"
"아니요. 교통부는 철도청과 함께 서울역에 있다가 과천 정부제2종합청사로 옮겨갔어요."

교통부는 이름이 자주 바뀌었다. 건설부와 합쳐서 건설교통부가 되었고, 여기에 해양부까지 합쳐서 국토해양부가 되었다가, 해양부가 해양수산부로 독립하자 국토교통부가 되었다.

"장관님은 국토해양부 장관을 지내신 거지요?"

"그래요."

"그럼 교통부, 건설부, 해양부 3개 부처 장관을 하신 거네요?"

"그런 셈이지요."

몇 안 되는 교통부 출신 장관이라고 했다.

정부종합청사 주변의 50년 전 추억을 듣다 보니 점심 시간이 지나고 있었다.

"점심 약속 있으세요?"

"없는데, 시간이 괜찮으면 같이합시다."

"서울로 입성하셨는데 모처럼 이태리 음식이나 스테이크 어떠세요?"

"좋지요."

서울로 돌아오신 걸 환영할 겸 적당한 식당을 고민하다가 한국의 첫 이탈리아 레스토랑으로 알려졌고, 초창기에 삼성 창업주 故 이병철 회장님이 즐겨 찾으셨다는 '라칸티나(La Cantina)'로 갔다.

"이 식당은 어떻게 알아요?"
놀란 표정이었다.
"왜요?"
장관 비서를 할 때 모시던 장관님이 이 식당의 스테이크를 좋아해서 오래전에 자주 왔었다고 했다. 그러나 라칸티나에서 식사하기는 오늘이 처음이라고 하며 웃으셨다.
군사 문화가 지배하던 70년대의 추억이었다.
"스테이크 맛은 어떠세요?"
"괜찮은데요."
스테이크를 먹으며 질문을 던졌다.
"장관직을 수행하실 때, 거쳐왔던 부서 중에서 가장 도움이 된 직책 하나만 꼽아 주세요."
정답은 없겠지만 궁금했다.
공보관은 언론의 생리를 이해하는 데 도움이 되었고, 기획관리 실장은 국회를 상대하는 데 도움이 되었지만, 하나만 꼽으라면 장관 비서라고 했다. 힘들긴 했지만 비서를 하면서 가장 많이 배웠다고 했다. 세 분의 장관을 비서와 비서관으로 모셨는데, 장관으로서 해야 할 일과 하지 말아야 할 일을 곁에서 배웠다고 했다.
장관이 골프 연습하면 골프공을 찾아 뛰어다녔던 20대 장관 비서 시절을 얘기하다가, 다음 만남엔 공무원으로 첫 출발한 농림부 시절을 듣기로 하고 점심을 마쳤다.

공직의 길

공직의 시작, 농림부

숙명의 만남, 교통부

미국 유학

성장의 계단

공직의 시작, 농림부

1972년 7월 4일, 이후락 중앙정보부장의 긴급 기자 회견으로 나라가 들썩였다.
분단 이후 최초로 통일과 관련한 남북 합의문이 발표되었다. 이른바 '7·4 남북공동성명'이었다. 이후락 부장은 5월 초에 비밀리에 평양을 방문해서 김일성 주석을 만났고, 5월 말에는 건강 이상설이 있는 북한 노동당 조직 지도부장 김영주를 대신해서 박성철 제2부수상이 서울을 방문해서 박정희 대통령을 만났다는 충격적인 사실을 밝혔다.

남북의 극한 대치 상황에서 밀사들이 평양과 서울을 오가던 무렵에 나는 행정 사무관 시보로 농림부 기획 관리실에서 일하고 있었다. 북한의 경제 규모가 우리보다 앞선 때였는데, 농업 분야는 한국이 앞서 있어 농림부의 자부심이었다.

청와대에서 〈성장하는 한국의 농업〉이라는 제목으로 1시간짜리 홍보 영화를 긴급하게 제작하라는 하명이 내려왔다. 주어진 시간은 촉박했고, 홍보 영화를 제작하는 업무는 농림부 직원으로선 낯설고 잘해야 본전인 업무였다. 서울농대 출신의 고시 동기 이상무 사무관(훗날 한국농어촌공사 사장 역임)과 함께 홍보 영화 제작의 주무를 맡자 초임 사무관은 신이 났다.

국가를 위해서 일한다는 자긍심에 낮과 밤을 가리지 않고 뛰어다니며 열악한 여건에서 제작, 연출, 편집까지 일인삼역을 해서 홍보 영화를 완성했다. 어디에 어떻게 사용하는지 정확히 알 수는 없었지만, 홍보 영화는 상부의 호평을 받았고 재외 공관용으로 250개를 더 복사하라는 지시를 받았다. 영상 자동 복사기가 없던 시절이라 해외 공관에 불량품을 보낼 수 없다는 사명감으로 하나하나를 틀어 보고 40여 개의 불량품을 찾아내 반품 조치를 했다. 열정 넘치는 신참이었다.

고시에 합격하고 아버지의 영향을 받긴 했지만 농림부에서 서기관으로 승진해서 충남도청의 농경 국장이 되고, 고향인 청양 군수를 거쳐 국회 의원이 되겠다는 꿈을 품었다. 그래서 연수를 마치고 농림부에 지원했지만 임용되지 못하고 6개월을 기다린 끝에 농림부에 들어왔다. 그런데 〈성장하는 한국의 농업〉이라는 1시간짜리 홍보 영화의 주무를 맡아 청와대에서 호평을 받았다고 하니 첫걸음은 성공이었다.

농림부 중요 부서인 새마을 소득과로 전보되어 농협 담당 계장의 보직을 맡았다.

하루하루 일하는 게 즐거웠고, 주변에서 일 잘한다는 평가를 받으며 순항하던 어느 날, 장관 비서실에서 급하게 숫자를 확인하는 전화가 왔다. 무슨 일인지 모르지만 발 빠르게 요청한 자료를 확인하고 장관실에 보고했다. 그런데 예상치 못한 문제가 생겼다. 계통을 무시하고 직접 보고했다는 이유로 칭찬 대신 호통을 듣고 고위직 상사의 눈 밖에 났다. 무슨 내막인지 모르지만 불편한 상황이 좀처럼 풀리지 않았다.

그런 일이 있고 나서 얼마 후에 경제 부처간 강제 인사 교류가 시행된다는 공지가 떴다.

처음 시행되는 제도로 강제 인사 교류의 대상은 2년 이상 근무한 사무관이었는데 대상자 명단에 이름이 있었다. 농림부에 들어온 지 정확히 2년 하고 21일이었다.

농촌에서 태어나 농고를 졸업했고, 농림부에서 꿈을 이루어 보겠다고 6개월을 기다려 발령을 받았었다. 주어진 업무에 충실했고 나름 성과를 냈다고 생각했는데 내 의지와는 무관하게 농림부에 들어온 지 2년 만에 농림부를 떠나야 했다.

그나마 다행인 것은 농림부 직원은 체신부와 교통부 직원들과 교류하게 되었는데, 두 부서가 동시에 요청해서 내가 선택권을 가지고 농림부를 떠나 교통부로 전보되었다.

숙명의 만남, 교통부

1974년 5월, 농림부를 떠나 교통부 육운국 육운 진흥 담당관실로 전보되었다.
교통부는 육운, 철도, 해사(海事), 항공, 그리고 관광에 관한 사무를 관장하며 국가의 미래를 준비하고, 새로운 세상을 열어가는 부서였다.

교통부는 정부종합청사에 있지 않고 철도청과 함께 서울역에 있었다.
교통부 직원들은 농림부에서 전보되어 온 3년 차 사무관을 배타적으로 대하지 않았지만, 그렇다고 딱히 친절하지도 않았다. 새로운 업무에 적응하면서 당시 공무원 사이에서 유행하던 테니스 모임에 참석하면서 최승열 서기관(훗날 인천해운항만청장 역임)을 만났다. 직급과 연배에서 차이가 나고, 부서도 다르니 사적인 연결 고리가 없는 상급자였다.
그런데도 테니스를 치면서 알게 된 나를 무슨 연유인지 좋게 보시고 조언을 아끼지 않으셨다. 언제나 내 편이었고, 든든한 선배이자 후견인을 자청하셨다. 농림부와는 달리 교통부에서는 든든한 상급자 선배가 생겼다.

교통부로의 전출은 아무리 생각해도 우연이 아니라 숙명이었다.
업무는 전문 지식이 필요해서 열심히 공부했다. 책을 읽고 공부하는 것을 좋아해서 그런지 새로운 분야를 알아가는 재미가 있었고 산악회에도 가입했다. 등산을 좋아해서 전국의 명산을 두루 올랐지만, 업무가 바빠지면서 서울 주변의 산을 올랐는데 유난히 북한산이 좋았다. 주말이면 배낭 위에 CD 플레이어를 장착하고, 배낭 양쪽 포켓에 스피커를 넣어 스테레오로 클래식 음악을 들으면서 북한산을 등정했다.
등산로에서 클래식 음악이 들리니 산행 중에 뒤따르는 무리가 생겼고, 주말로는 부족해서 수요일에는 헤드랜턴을 착용하고 직원들과 함께 야간 산행을 즐겼다. 정확히 헤아려보지는 않았지만 어림잡아 북한산을 700여 차례 오르며 체력을 키웠다.

또 다른 취미는 고등학교 시절에 우연히 라디오에서 흘러나오는 멜로디가 좋아서 듣기 시작한 클래식으로 새로 출시된 LP판을 구매하려고 담배를 끊고, 담뱃값을 모아서 구매할 만큼 마니아가 되었다. 클래식 음악뿐만 아니라 인문학 관련 서적을 손에서 떼지 않으며 문화적 소양을 채워갔다.

최승열 서기관의 추천으로 육군참모총장 출신의 최경록 장관(1974-1977년) 비서실에 비서로 발탁되었다. 최경록 장관은 군사영어학교 출신으로 미국 육군참모대학을 유학하신 분으로 교통부 장관 퇴임 이후에 멕시코, 일본, 영국 대사를 지낸 분이다.

일찍부터 영어권 서구 사회를 접했고, 군사 문화에 익숙한 장관을 가까이에서 모시다 보니 힘은 들었지만 새로운 세상에 대한 호기심이 생겼다. 우물 안의 개구리가 눈을 뜬 것이다.

미국 유학

우물 안의 개구리가 눈을 뜨자 리더십은 인성 개발과 문화적 소양이 선택이 아니라 필수라는 생각을 하게 됐다. 그리고 정치학 전공자가 경제 부처에서 성장하려면 경제에 대한 공부가 필수라는 생각을 하면서 해외 유학의 길을 찾아 유학의 꿈을 꾸었다.

무엇이 되겠다는 꿈이 아니라 부족함을 채우고자 하니 70년대 공무원에게도 해외 유학의 기회가 있었다.

정부는 USAID(미국국제개발처)라는 미국 정부 기관에서 개발 도상국에 원조하는 기금으로 우수 공무원을 선발해서 미국 유학을 보내고 있었다. 대상은 5년 차 이상 사무관이었다.

1976년 자격을 갖추자 유학 시험에 응시해서 합격했다. 선택할 수 있는 대학은 유학 비용을 고려해서 등록금이 비싼 사립 대학은 제외되고, 주립 대학 중에서 시애틀 소재 워싱턴 대학교(University of Washington)에 지원해서 입학 허가서를 받았다.

1977년 9월 학기에 맞추어 아내와 함께 미국으로 떠날 준비를 마쳤다.

그런데 변수가 생겼다. 대한민국이 USAID 원조 대상에서 제외되고, 정부는 당장 유학 비용을 마련할 대책이 없으니 공무원 유학을 중지시키려고 했다. 그러나 박정희 대통령이 국비로 공무원들의 유학을 지원하면서 유학 인원을 200명으로 늘리는 결단을 내리자 국비 장학생으로 유학을 떠날 수 있게 되었다. 그런데 문제가 생겼다. 공무원 국비 유학 제도가 시작하는 첫 해여서 그런지 공무원이 귀국하지 않을 것을 우려해서 아내를 인질로 삼았다.

유학을 포기할 수 없으니 어쩔 수 없이 아내를 한국에 두고 유학을 떠났지만, 아무리 생각해도 공무원의 아내를 인질로 삼는 건 이해되지 않았다. 미국으로 유학 온 한국 공무원의 전후 사정을 미국 국무부에서 파악하고 있을 거라고 생각하고 아내를 초청해 달라는 편지를 국무부에 보냈다. 결과는 반신반의했지만 생각보다 빠르게 초청장이 왔고, 아내에게 취업이 허용되는 동반 비자 F2가 발급되었다. 경제적으로 어려운 유학생 부부에게 취업이 가능한 동

유학 시절, 아내의 헌신으로 공부에 전념할 수 있었다.
국비를 허비하지 않으려고 정말 열심히 공부했고,
워싱턴 대학교(University of Washington)에서
경제학 석사 학위를 취득했다.
대한민국 정부는 유학의 기회를 선물했고,
나는 선진 국가의 꿈을 품고 귀국했다.

반 비자는 뜻밖의 선물이었다. 그러나 비자가 나오기를 기다리는 사이에 셋째의 출산일이 다가와서 아내는 곧바로 시애틀로 오지 못했다.

내가 유학을 떠날 때 큰아들 성욱이는 6살, 둘째 아들 진욱이는 4살, 그리고 아내는 셋째를 임신하고 있었다. 아내의 비자 발급이 지연되는 사이에 산달이 다가와서 셋째 아들 재욱이를 한국에서 출산했다. 그땐 몰랐다. 아내의 비자가 늦어지지 않아 재욱이를 미국에서 출산했더라면 훗날 원정 출산 문제로 시달릴 뻔했으니 세상 일이란 모를 일이었다.

출산 후에 아내는 세 아들을 장모님에게 부탁하고, 홀트 입양 기관에서 미국으로 입양되는 아이를 데리고 무료로 비행해서 시애틀로 왔다. 거의 1년 만의 상봉이었다.

시애틀은 미국 서북부 워싱턴주에 속한 도시로 퓨젓 사운드(Puget Sound)에 위치한 항구 도시로 이 지역에 살던 마지막 추장의 이름이라고 했다. 그는 원주민들이 살고 있는 땅을 팔라는 미국 대통령에게 "그대들은 어떻게 푸른 하늘과 땅의 온기를 사고 팔 수 있는가? 신선한 공기와 반짝이는 물은 우리의 소유가 아닌데 어떻게 팔라고 하는가?"라고 시작하는 '공존의 연설'을 남겼다고 전해지는 추장이었다.

추장의 말처럼 시애틀은 숲과 언덕, 강과 호수, 그리고 세 개의 국립 공원이 가까이에 있는 아름다운 도시였다. 특별히 레이니어산(Mount Rainier)은 높이가 4,392m로 한라산보다 두 배 이상 높은 활화산으로 도심에서는 물론 UW(워싱턴 대학교) 캠퍼스에서 언제나 만년설을 볼 수 있어, 공부하다 힘들 때는 바라보고 힘을 얻었다. 뿐만 아니라 음악당, 미술관, 박물관, 전시회 등 문화 공간이 많아 서구 문화를 배울 수 있어 행복했다.

유학을 시작하던 1977년 대한민국은 초고속 경제 성장 국가로 주목 받고 있었지만, 국민 소득 3,000달러 수준의 개발 도상 국가였다.

유학생들은 대부분 경제적으로 어려웠고, 우리 부부도 예외가 아니었지만 취업이 가능한 아내의 동반 비자가 크게 도움이 되었다. 아내는 시애틀에 온 지 얼마 되지 않아 재봉 기술을 이용해서 스키복을 만드는 공장에 취업했다. 원래 재봉 기술이 뛰어난 아내는 얼마 지나지 않아 남들보다 높은 일당을 받는다고 자랑했는데, 아내는 시간, 돈, 어느 것 하나 허투루 하지 않았다.

시애틀의 교민 사회는 삶의 터전을 닦기 위해 분주했고, 유학생들은 낯설고 힘겨운 미국 생활에서 한국인으로서의 자긍심을 지키기 위해 구심점이 필요했다. 그런 중에 한인 유학생 회장으로 추대되었다. 주말에는 바비큐 파티와 매운탕 모임을 가졌고, 종종 팀을 구성해서 국립 공원으로 캠핑을 가고 낚시를 다니면서 많은 대화를 나누었는데, 모두에게 유익한 시간이었다.

공부는 생각했던 것보다는 어렵지 않았다. 하지만 초기에 영어가 들리지 않아 교수에게 양해를 구하고 강의를 녹음해서 몇 번이고 다시 들으며 거의 모든 과목에서 만점에 가까운 점수를 받았다. 그런데 수학이 문제가 되었다. 입학 사정 때부터 수학에 대한 배경이 없다는 것이 지적되었는데, 첫 번째 통계학 시험에서 낙제점을 받았다. 사실 농업고등학교에서는 미적분을 제대로 가르치지 않아 수학에 약점이 있는 건 사실이었다. 그래도 첫 시험에서 받은 낙제 점수는 충격이고 난감했다. 시카고 학파 출신의 인도태생 통계학 교수를 찾아가서 전후 사정을 설명하고 재평가의 기회를 얻었다. 그러나 통계학을 단시일에 극복하고 시험에 패스하기란 불가능해 보였다. 그런다고 포기할 수도 없었다.

통계학을 패스하지 않고는 졸업할 수 없으니 특단의 결단이 필요했다. 뾰족한 대책이 없어 일단 관련 공식을 모두 암기했다. 암기에는 자신 있었는데, 공식을 암기하고 원리를 찾아 공부하다 보니 영어를 쓰지 않고 숫자로 답하는 수학이 다른 과목보다 편했다. 암기로 시작한 통계학의 결과는 만점에 가까운 A 학점을 받았고, 그 성적을 끝까지 유지했다.

유학 시절, 아내의 헌신으로 공부에 전념할 수 있었다. 국비를 허비하지 않으려고 정말 열심히 공부했고, 예정된 시간에 워싱턴 대학교(University of Washington)에서 경제학 석사 학위를 취득하고 귀국했다.
대한민국 정부는 유학의 기회를 선물했고, 나는 선진 국가의 꿈을 품고 귀국했다.

성장의 계단

해방 이듬해인 1946년 7월 23일 충청남도 청양군 화성면 화암리에서 4남 1녀의 차남으로 태어났다. 하지만 유아 생존율이 심각하게 낮을 때라 우여곡절 끝에 1948년 7월 30일에서야 호적에 이름을 올렸다.

1950년 6월 25일 한국 전쟁이 발발했고, 1953년 7월 27일 정전 협정이 체결되던 해에 국민학교(지금의 초등학교)에 입학했으니 전쟁의 처절함과 깊은 상처 속에서 어린 시절을 보냈다. 당시 대한민국의 일인당 국민 소득은 67달러로, 아프리카 소말리아보다 가난한 지구촌 최빈국 농촌 어린이에게 무엇을 하고 싶다거나, 무엇이 되고 싶다는 꿈은 사치였다.

고향 마을에는 예로부터 인재를 많이 배출했다고 알려진

오서산(烏棲山)이 있었다.

행정 구역으로는 보령군에 속하지만 청양군과 경계를 이루고 있어 어려서부터 오서산의 정기를 받고 태어났다는 얘기를 귀에 딱지가 지도록 듣고 자랐다. 그러니 오서산은 내게 '큰 바위 얼굴'이었다. 오서산에 있는 월정사라는 자그마한 절로 소풍 가고, 친구들과 산에 오르고, 냇물에서 물고기를 잡고, 개구리를 잡아서 부족한 단백질을 보충하던 활동적인 소년은 천자문을 남들보다 일찍 깨우쳐서 아버지의 자랑이었다.

아버지는 열심히 공부해서 훌륭한 사람이 되라고 했고, 공부하라는 소리보다 공부 그만하라는 소리를 듣고 자랐다. 왕복 30리, 4시간의 등하굣길이었지만 학교 가는 게 마냥 즐거웠다. 오가는 길은 사색의 시간이었고, 뜀박질은 건강의 원천이었다.

그러나 60년대 시골에서는 마음껏 공부할 수가 없었다. 아버님은 농사와 목수일을 겸해서 일하셨지만 5남매를 공부시키기에 턱없이 힘이 부치셨다. 가난한 농부의 한스러움이지만 6·25 전쟁 이후 대한민국은 지구촌 최빈국으로 시골 농부의 자녀 교육은 선택과 집중이 불가피했다.

아버지는 공부에 재능을 보인 차남에게 공부할 기회를 주고자 노력했지만, 명문 고등학교 진학을 희망하는 아들의 하숙비를 해결하지 못해 고향에 있는 청양농업고등학교에 진학했다.

청양농고 시절에 친구들과 산에 오르고 들판을 뛰면서 거침없이 활동적이었지만 책이 좋았다. 말썽 피운 기억은 없고, 도서관에 있는 다양한 분야의 책을 읽으며 라디오에서 흘러나오는 클래식 음악이 좋아서 무작정 들었다. 문화 감성의 사춘기를 보낸 것이다.
농고에 다니는 촌놈이지만 클래식 음악을 즐겨 들었고, 꽃과 나무가 좋았고, 그림 그리는 게 즐거웠다. 그러던 어느 날 사춘기가 왔는지 여자 동창생이 눈에 띄었다. 말수는 없지만 딱 부러진 리더십에 그림 잘 그리고 공부 잘하는 여자 동창생은 기독교 신자로 교회에 다녔고, 자유롭고 안정된 모습이어서 관심 있었지만 그게 전부였다.
졸업을 앞두고 어느 길로 가야 할지 스스로는 진로를 결정할 수 없어 암담할 때, 여자 동창생은 대화가 잘 통하는 지혜로운 친구가 되었다. 어둠 속에서 빛을 발하는 반딧불 같은 첫 사랑을 만난 것이다.

고교 시절 내내 성적은 우수했지만 대학 진학은 다른 문제였다.
위로 다섯 살 터울의 형님과 밑으로 남동생 둘에 여동생이 있으니 무작정 대학 진학을 고집할 수 없는 가정 형편이었다. 내심 대학 진학을 포기하고 다른 길을 찾고 있었는데, 입시를 두어 달 앞두고 아버지께서 대학 진학으로 결단을 내리셨다. 조건은 첫 입학금은 지원할 테니 나머지는 네가 알아서 할 수 있으면 입학 시험을 치러 보라는 것이었다. 자식 중에서 하나라도 대학에 보내겠다고 용기를 내셨지만 뒷바라지는 자신이 없으셨던 것이다. 내심 뛸 듯이 기뻤지만 형제들에게 미안한 마음에 기쁨을 다 표현할 수 없었다.

아버지의 결단으로 대학 입시를 치르려고 하니 농고에서는 대학 입시에 필요한 필수 과목 일부를 가르치지 않았다. 부랴부랴 서울에 있는 입시 학원 종합반에서 강의를 듣고 입시를 치렀다.

목표는 학비가 전액 무료인 육군사관학교였다. 어려서부터 무관의 풍모라는 소리를 들었고, 시험 결과에도 자신 있었다. 그런데 신체 검사에서 '본태성 고혈압'이 발견되었다. 이름도 생소한 본태성 고혈압은 특별한 원인이나 질환 없이 수축기 혈압이 140mmHg 이상이거나, 확장기 혈압이 90mmHg 이상인 경우로 사관학교는커녕 군대도 못 간다는 진단을 받고, 고려대학교 정치외교학과에 입학했다.

꿈에 그리던 명문 대학생이 되었지만 낭만적인 대학 생활은 기대할 수 없었다.

친구들에게 어려운 티를 내지 않았지만, 첫 학기 등록금 외에는 학비를 지원받을 수 없는 형편에 군대마저 갈 수 없으니 대학 생활은 치열했다. 그러나 항상 당당하고 열정적인 대학생이었다. 친구들은 다소 침울한 분위기에서 내가 나타나면 분위기가 살아난다고 해서 나를 박카스라고 불렀다. 한 학기라도 성적 장학금을 받지 못하면 학업이 중단될 위기에 처하니 열심히 공부했다. 4년 내내 삼성장학금을 받았고, 가정 교사를 하면서 생활비를 보충하고 형님의 도움을 더해 무사히 졸업할 수 있었다.

졸업이 다가오자 삼성에서는 삼성장학생에게 특채의 기회를 주었다.

빨리 졸업하고 취업해서 가정을 꾸리고 싶었다. 고향에는 고등학교 동창으로 만나 서로에게 조언을 아끼지 않았고, 언제나 같은 편이었고, 든든한 지지자인 연인이 졸업을 기다리고 있었다. 떨어져 있어서 다른 연인처럼 자주 만나지 못했지만 그래서 더욱 애틋한 연인이었다.

그러나 아버지께서는 다른 생각을 하고 계셨다. 아들이 관직으로 나가기를 희망하셨다.

가난했던 시절에 많은 가정들이 그랬다고들 하지만 형제들 중에서 선택되어 대학 교육의 혜택을 받은 사람은 형제들에게 말로 표현할 수 없는 마음의 빚이 있고, 집안의 기대에 부응해야 할 책임이 있었다. 그러니 내 마음대로 진로를 결정할 수 없었다.

아버지의 뜻에 따라 취업을 포기하고 고등고시에 도전하려고 하니 생계가 막막하고, 결혼할 형편이 못되었다. 그리고 좁은 동네에서 혼기가 꽉 찬 여자친구를 무작정 기다리게 할 수도 없었다.

진퇴양난의 난감한 상황에서 반딧불 첫사랑은 어둠 속에서 빛을 냈다.

결혼해서 고시 공부를 뒷바라지 하겠다고 나섰다. 고등학교 커플로 만난 동기 동창이지만 나이로는 누나였다. 평양 조씨 집안으로 형제들이 공부를 잘해서 오빠는 서울대 의과대학을 졸업하고 서울대학병원에서 근무하고 있었고, 본인은 공무원 시험에 합격해서 농촌 지도소 공무원으로 재직하고 있었다.

결혼하고 아내의 보살핌을 받으며 행정 고등 고시에 집중했다.

대학 때는 장학금을 받아야 학업을 이어갈 수 있었기에 성적을 관리하느라 고시 공부는 생각하지 못해 처음부터 시작해야 했다. 아내는 농촌 지도소 공무원으로 일하면서 생계를 꾸렸고, 주말이면 어두운 산길을 마다하지 않고 먹을 것을 가지고 산사(山寺)를 찾아와서 응원하고 격려했다.

1971년 7월, 고시 공부를 시작한 지 2년 만에 23살의 나이로 제10회 행정 고등 고시에 합격했다. 아버지는 마을 잔치를 벌였고, 마을 곳곳에 플래카드가 걸렸다.

그러나 아버지는 기쁨을 오래 누리지 못하시고 이듬해 56세를 일기로 소천하셨다.

정책의 첫 단추,
서기관

항공 정책 과장

도시 교통과 두더지 과장

고속 철도를 잉태한 수송 조정 과장

비상하는 항공 산업과 국제 항공 과장

미완의 모범택시, 다시 교통 과장으로

항공 정책 과장

유학을 마치고 귀국한 지 1년쯤 지난 1980년 5월 서기관(4급)으로 승진했다.

나라를 위해 일하는 기쁨이 컸고, 사심(私心) 없이 사익(私益)을 멀리하고 공익(公益)을 우선하다 보니 중요 부서를 두루 거치면서 일 잘한다는 평가를 받았지만 서기관이 되기까지 8년이 걸렸다. 고시 동기들에 비해 빠르지 않은 승진이었다.

서기관 승진 후, 유양수 장관 비서관과 안전 감사관실 감사 담당을 거쳐 1980년 11월 항공국 항공 정책 과장으로 전보되었다. 기대하던 중앙 부처의 과장이 된 것이다.

중앙 부처 과장은 정부 정책을 발의하고, 시행하는 첫 단추와 같은 중요한 직책이었다.

1980년대 한국 경제는 일인당 국민 소득이 3년 연속으로 1,000달러 이상이 급등하는 초고속 경제 성장으로 일인당 국민 소득이 7,000달러를 초과하고 있었다. 이에 따라 국제간의 교류가 활발해지고 항공 수요가 급증하자 정부는 항공 정책을 정비하고, 미래 수요에 대비해야 했다.

항공 정책과에서 담당하는 업무는 아니지만, 과장으로 근무한 지 이틀째 되는 11월 19일 이른 아침에 LA에서 출발해서 앵커리지를 경유 김포국제공항으로 돌아오던 대한항공 015편, 747보잉 비행기가 착륙 도중 시야 불량과 조종사 실수가 겹쳐 활주로 바깥 제방과 충돌하면서 중심을 잃고 전소되는 항공 사고가 발생했다. 그나마 다행인 것은 도착지에서 발생한 사고여서 동체에 남아 있던 연료가 적었고, 인화성 물질이 실리지 않아 많은 승객들이 탈출에 성공했다. 그러나 탑승 인원 226명 중에서 기장과 부기장을 포함하여 총 15명이 희생되었다. 가슴 아픈 희생으로 항공 산업에 대해 많은 생각을 하게 한 호된 신고식이었다.

항공 산업은 공항에서 출발하고, 공항으로 도착한다. 정부로서는 급격히 늘어나는 항공 수요에 대비해서 공항을 과학적으로 정비하고, 체계적으로 관리하는 현대화 작업이 시급해졌다. 다양한 기종의 비행기가 안전하게 이착륙할 수 있도록 활주로가 과학적으로 통제되고, 승객과 화물을 수용하는 공항 터미널은 전문적이고 체계적으로 관리되어야 하는데, 현실은 김포국제공항, 김해국제공항, 제주국제공항으로 분리되어 각각 운영되고 있었다.

정부에서는 국제 공항 관리를 통합적으로 운영할 전문기관을 만들기 위해 국제 공항관리 공단법을 제정하고, 1980년 5월에 국제공항관리공단(이하 공항공단이라 함)을 설립했다.

그리고 그해 7월, 김포국제공항의 국내선 청사와 국제선 제1청사를 교통부로부터 인수받아 운영을 개시했다. 계획대로라면 김포국제공항에 이어 김해국제공항과 제주국제공항 운영을 하나로 통합해서 국제공항관리공단에서 관리해야 하는데, 민간 항공 분야의 전문가가 절대적으로 부족해서 난제가 많았다.

교통부 주무 과장으로서 중장기 발전 계획을 수립하고, 물적 인적 지원을 강화하면서 막 출범한 공단이 자리잡을 수 있도록 백방으로 뛰어다니며 유모 역할을 했다.

그 후, 국제공항관리공단은 김해국제공항과 제주국제공항의 운영권을 교통부로부터 인수받아 하나로 통합하면서 명실상부한 공항 운영 전문 기관으로 자리잡았다. 그리고 성장을 거듭한 국제공항관리공단은 인천국제공항을 제외한 대한민국의 모든 공항을 관리하는 KAC한국공항공사로 성장했다.

도시 교통과 두더지 과장

도시 교통 과장으로 전보된 1981년에 서울 시민은 867만 명으로 집계되었다.
1965년 347만 명이었던 서울 시민은 1970년에 543만 명이 되었고, 이후 80년대 들어 800만 명을 넘어섰다. 그리고 1990년 이전에 서울 시민이 1,000만 명을 돌파할 거라는 예측이 나왔다. 한 도시의 시민이 20년 사이에 2배로 증가한다는 믿기 어려운 예측이었지만 부인할 수 없는 현실이었다.
빠른 속도로 인구가 증가하자 서울시는 많은 문제점이 노출되었는데, 특별히 주거와 교통 문제가 심각했다. 전차는 1968년도에 경쟁력을 잃고 폐지됐고, 대중교통은 거의 전부를 버스가 담당하고 있었다. 그러나 하루가 다르게 늘어나는 인구로 인해 도로는 막히고, 버스 노선은 포화 상태가 되어 대중교통 체계가 정상적인 기능을 할 수 없는 처지가 되고 있었다.

서울시에서 대중교통 문제를 해소하고자 지하철을 구상하고 정부에 건의했으나 제반 여건이 여의치 않아 지지부진한 상태였다.

불도저 시장이라고 불리던 44세의 김현옥 서울 시장이 1970년 와우 시민 아파트 붕괴 사고의 책임으로 물러나고, 철도청장 출신의 양택식 서울 시장이 부임하자 지하철 문제를 다시 거론했다. 철도와 지하철에 지식이 있던 양택식 시장은 서울시의 만성적인 교통 혼잡을 지하철이 아니면 해결할 수 없다고 정부와 박정희 대통령을 설득하고, 4년이 지난 1974년 8월 15일 서울 지하철 1호선이 개통되었다. 이날은 장충동 국립극장에서 열린 광복절 기념 행사에서 육영수 여사가 피살당한 슬픈 날로 기억되는 광복절이었다.

서울역부터 청량리역까지 9개 역을 출퇴근 시간 기준 5분 간격으로 달리는 대한민국 최초의 총 연장 7.8km의 지하철이 운행을 시작했다. 한강 이남이 배제되어 종로선으로 불리기도 했지만, 같은 날 철도청이 경부선(서울역-수원역 41.5km), 경인선(구로역-인천역 27km), 경원선(용산역-청량리역-성북역 18.2km)의 전철화를 완료하고, 서울 지하철 1호선과 직렬 운행함으로써 수도권 전철 1호선이 동시에 개통되었다.

지하철은 도시 교통의 혁명이었다. 지하철 시대를 열었던 양택식 시장은 육영수 여사 피살에 도의적인 책임을 지고 물러나고, 후임으로 포병 장교 출신의 구자춘 서울 시장이 취임했다. 신임 서울 시장은 전임 시장과 생각이 달랐다. 지하철 2호선 전 구간을 서울시 관내에 두는 50km에 달하는 세계에서 가장 긴 도시 순환선으로 변경하고, 1978년부터 구간별로 착공에 들어갔다.
성수역-을지로입구역, 을지로입구역-서울대입구역, 서울대입구역-교대역, 교대역-종합운동장역, 그리고 종합운동장역-신설동역으로 구간을 나누어 1984년 완전 개통을 목표로 공사를 시작했다. 그와 동시에 서울시 도심 교통은 지하철 공사로 인해 최악의 상태가 되었다.

다급해진 정부는 도시 교통의 마스터플랜을 수립하기 위해 1981년 11월 교통부 육운국에 도시 교통과를 신설하고, 도시 교통 과장으로 전보되었다.
시민 800만 명이 넘어선 서울시 도시 교통은 한계 상황이었다. 급격히 늘어나는 인구와 소득 증대로 인해 폭발적으로 늘어나는 승용차를 수용하려면 지하철, 버스, 택시 등 대중교통뿐만 아니라 보행 교통, 신호 체계, 주차장 등 도심교통에 대한 근본적이고 다각적인 종합 대책이 시급했다.

함께 일할 인재가 필요했다. 능력과 달리 한직에 있던 김세호 사무관(훗날 건설교통부 차관 역임)을 팀에 합류시켰다. 대구 출신으로 고려대학교 정치외교학과 후배인 김세호 사무관은 선이 굵고, 업무 능력이 출중해서 함께 일하는 기쁨이 있었다.

IBRD(국제부흥개발은행) 차관에서 10억 규모의 용역 예산을 확보하기 위해 경제기획원과 협의하고 동의를 구했다. 세계 은행이라고도 불리는 IBRD(국제부흥개발은행)는 워싱턴에 본부를 두고 개발 도상 국가에 개발 자금을 지원하고, 개발 계획을 돕는 범세계적인 국제 기구였다. 본부가 있는 워싱턴을 방문해서 프로젝트를 설명하고 설득해서 10억 규모의 컨설팅 용역 비용을 확보했다.

예산이 확보되자 도시 교통에 관한 세계적으로 검증된 컨설팅업체를 선정해서 용역 작업에 착수했다. 컨설팅의 효과는 철저히 의뢰자의 열정과 질문에 따라 결과물이 달라진다.

도시 교통과 직원들이 사명을 가지고 수준급 결과물을 만들기 위해 노력한 결과, 서울시 교통의 40%를 지하철이 감당하려면 종축과 횡축으로 10개 노선이 필요하다는 연구 결과와 예상되는 지하철 노선도를 그려냈다. 그리고 버스 전용 도로의 필요성을 제안하고, 보행 교통과 신호 체계에 대한 용역과 주차장 문제가 포함된 마스터플랜을 수립했다.

세계 최고 수준의 서울시 도시 교통 정책 매뉴얼을 만든 것이다.

지하철 면허권은 교통부에서 행사했다. 지하철 면허를 관리하는 주무 과장으로서 틈만 나면 지하철 2호선 공사 현장을 방문해서 안전을 점검했다. 안전한 공사는 아무리 강조해도 부족해서 현장을 방문할 때마다 공사 현장의 밑바닥까지 내려가 일일이 격려하고 점검하다 보니 지하철 공사 현장에서 겁 없는 두더지 과장으로 통했다. 어쩌면 지하철 2호선 지하 깊은 곳 어디엔가에 둔탁한 발자국이 남아 있을지도 모른다.

이런 현장주의가 맘에 들었는지 아니면 도시 교통 정책을 대하는 열정이 맘에 들었는지 모르겠지만 공군사관학교 출신으로는 최초로 공군참모총장에 올랐던 윤자중 장관이 유난히 예뻐했다.

하루는 윤자중 장관께서 장관실로 불렀다.

"정 과장을 승진시키려는데 어때요?"

별다른 설명 없이 3년 차 서기관에게 불쑥 던진 파격적인 제안이었다.

물론 사무관에서 서기관까지 8년이 걸린 11년 차 공무원이었지만 그래도 빨랐다.

'뭐라고 대답하지?'

사전 정보가 전혀 없어서 잠시 고민하다가 대답했다.

"장관님 감사합니다. 그런데 저보다 다른 사람을 추천하면 안 되겠습니까?"

뜻밖의 대답이었는지 어이없다는 표정을 지으며 말해 보라고 했다.

주제넘은 줄 알지만 좋은 기회다 싶어서 오랫동안 승진을 바라고 있던 성실한 선배를 추천하고 장관실을 나왔다. 공직 사회가 승진에 목맨다고들 하지만 빠른 승진이 좋은 것인지 순리대로 가는 게 좋은 것인지 정답이 없었다. 그래서 순리에 따르기로 하고, 장관실에서 있었던 일은 일체 입 밖에 내지 않았다.

얼마 지나지 않아 추천했던 선배가 국장으로 승진했다. 나의 추천이 인사에 영향을 미쳤는지 여부는 알 수 없지만, 나만이 아는 기분 좋은 소식이었다.

고속 철도를 잉태한 수송 조정 과장

일인당 국민 소득이 10,000달러를 돌파한 1983년 1월, 여객과 화물 등 국가의 수송 정책을 관장하는 수송 조정국 조정 과장으로 전보되어 3년간 직무를 수행했다.

수송 조정과는 항공을 제외한 철도, 해운, 도로에서 여객과 화물의 수송 정책을 다루는 부서로 업무가 산적해 있었다. 주요 교통망인 경부축 철도와 경부 고속 도로가 포화되기 시작해서 경부 고속 도로의 차로 증설과 경부선 철도의 복복선화와 함께 고속 철도 도입이 검토되고 있었다. 그와 함께 폭발적으로 증가하는 물동량에 대처하기 위해 화물 수송 정책 개선 방안을 마련해야 했다.

수송 정책이란 동맥에 흐르는 피와 같아서 국가 산업과 민생에 민감한 사안이었다. 더구나 다가오는 '86 아시안게임'과 '88 서울올림픽'을 대비해서 급증할 물동량을 소화할 수 있도록 화물 수송 정책의 획기적인 개선 방안이 필요했다.

이런 일을 제도화하려면 유능한 인재가 필요한데 수송 조정과에는 유능한 직원들이 있었다. 그중에 연세대 국어국문학과 출신으로 공인회계사 시험에 합격할 만큼 수치에 뛰어나고, 문과적인 감성뿐만 아니라 이과적인 재능을 겸비한 홍순만 사무관(훗날 한국철도공사 사장 역임)이 있었다. 그와의 인연은 두고두고 귀하게 이어진다.

물류 시스템을 활성화하는 방안과 일본에서 시행되고 있는 택배 서비스를 도입하는 방안을 포함해서 화물 수송 정책 개선 방안을 마련했다. 지금은 당연하게 여기는 물류 체계이고, 택배 서비스지만 당시엔 혁명적인 화물 수송 정책의 개선 방안이었다.

홍순만 사무관이 앞장서서 직원들과 함께 화물 수송 정책의 바이블을 만들어 냈다.

이와 별도로 수송 조정과에서는 경부축에 고속 철도 도입 여부를 판단하기 위해 타당성 용역을 실행하고 있었다. 도시 교통에 지하철이 도입된 것과 같이, 고속 철도는 국가 수송에 혁명적인 정책이었다.

고속 철도는 1964년 10월, 일본에서 신칸센을 개통하면서 새로운 교통 수단으로 세상에 등장했다. 제2차 세계 대전 이후 고속 도로와 항공 산업의 발달로 힘을 잃은 철도 산업은 일본의 신칸센, 독일 ICE, 프랑스 TGV 같은 고속 철도의 등장으로 빠르고 안전하게 대량 수송이 가능한 운송 수단으로 부활했다. 특히 철도망이 촘촘했던 유럽과 일본에서는 항공 산업과의 경쟁에서 우위를 점하면서 빠르게 성장하고 있었다.

우리 정부에서도 1970년대 초부터 경부축에 고속 철도 도입을 검토했지만, 당시로서는 높은 기술력과 엄청난 자금이 소요되는 고속 철도 사업을 추진하지 못했다. 그리고 10여 년이 지나 국력 신장과 함께 고속 철도의 필요성이 다시 거론되었고, 주무 과장으로서 타당성 용역을 주도하는 행운을 얻었다. 철도와의 길고 깊은 인연의 시작이었다.

고속 철도는 좁은 땅에서 왜 빨리 가야 하냐는 논란이 뜨거운 엄청난 국책 사업이었다.

경제기획원과 IBRD를 설득해서 용역 비용을 확보하고, 일본, 프랑스, 독일 등 고속 철도 전문가들을 찾아 사명감을 가지고 고속 철도에 대해 열심히 공부하며 업무에 임했다.

고속 철도는 인구 밀도가 몇 개 도시에 몰려 있는 나라가 아니면 경제성을 갖추기 어려운 구조였고, 중심 도시간의 거리가 500km~1,000km 이상이면 비행기와의 경쟁에서 시간과 비용 면에서 경쟁력이 떨어진다는 분석이 나왔다. 고속 철도가 유럽에서는 성공하고, 미국에서는 환영받지 못하는 이유였다.

서울-부산 구간은 고속 철도를 도입하는 데 우수한 조건이었다. 새마을호와 비교하면 서울-대구-부산 간 운행 시간이 거의 두 배로 빨라지고, 1편성 좌석수가 955석으로 입석까지 포함하면 한번에 1,000명을 실어 나를 수 있었다. 그러니까 고속 철도를 평균 20분 간격으로 출발시킨다면, 고속 버스는 30초에 한 대, 비행기는 3-4분에 한 편씩 이륙시켜야 할 만큼 엄청난 수송 능력이었다. 뿐만 아니라 고속 철도 건설은 통일을 대비해서도 경쟁력이 있었다.

서울-평양-신의주 구간은 서울-대구-부산과 동일한 경제 효과가 기대되고, 대륙 횡단 철도와 연결하면 유럽까지 이어질 수 있었다. 그러나 문제는 막대한 예산과 높은 기술력을 요구하는 사업이었다.

타당성 용역의 결과는 긍정적이었지만 전두환 정부에서는 결단을 내리지 못했다. 그도 그럴 것이 이 무렵은 남북 관계와 국내 정세가 요동치고 있었다.

전두환 대통령이 취임하고 제5공화국이 출범한 지 3년 차인 1983년 10월 9일, 대통령 일행이 버마(현 미얀마) 순방 중에 북한으로부터 폭탄 테러를 당했다. 대통령 내외는 무사했지만 현장에 있던 부총리와 장관 4명을 포함해서 수행단 17명이 사망하고, 50여 명이 부상당한 참담한 사건으로 남북 관계는 전쟁을 불사할 만큼 최악으로 치닫고 있었다.

그런 와중에 다음해인 1984년 늦여름, 태풍 준(June)이 몰고 온 집중 호우가 1904년 중앙기상대가 생긴 이래 최고의 강수량을 기록하며 대홍수가 발생했다. 홍수 피해는 전국에서 발생했지만 특히 서울에 집중되었다. 한강 주변 저지대가 침수되고, 강동구와 마포구는 유수지 제방이 붕괴되어 일대가 물에 잠기면서 189명의 사망자와 2,500억 원 규모의 재산 피해와 함께 20여만 명의 이재민이 발생했다.

홍수 피해를 수습하고 있는 중에 북측 적십자사로부터 유가족에게 애도의 뜻을 표하고, 수해 지역 이재민들에게 동포애와 인도주의적 입장에서 구호물자를 지원하겠다는 의사를 전달 받았다. 정부는 수해 복구가 어느 정도 끝난 상황이고, 국제적십자사의 구호물자도 사양했던 터라 북한의 구호물자가 필요한 상황이 아니었다.

그러나 전두환 정부는 숙고 끝에 남북 관계를 고려해서 의도적으로 제안을 받아 들였다.

북측은 당황했지만, 공개적으로 말을 꺼낸 터라 쌀 5만 석은 판문점을 통해 자동차로 운송하고, 옷감과 시멘트, 의약품 등은 배편으로 보내는 것으로 양측이 합의했다.

하지만 북한의 경제 사정은 생각보다 더 좋지 않았다. 쌀 생산량은 남한의 3분의 1 수준이었고, 국민 총생산은 남한의 5분의 1 수준이었다.

정부는 구호물자를 수령할 TF팀을 구성했는데, 나는 수송 조정 과장의 자격으로 참여했다.

국무 조정 실장과 안기부 차장이 이끄는 TF팀은 판문점을 통해 운송되는 쌀 수령에 집중했다. 선박으로 오는 물품은 항구에 하역 장비가 있어 수령에 문제가 없었지만, 판문점에는 쌀 5만 석을 받을 수 있는 장소와 시설이 없어 난감했다. 더구나 판문점은 남북 관계의 상징적인 장소이니 외신을 비롯한 언론에서 쌀 수령 장면을 집중 취재할 것이다. 그러니 영상과 사진에 보이는 장면이 중요했다. TF팀은 판문점을 방문하고, 연일 회의했지만 갑작스러운 일이라 별 뾰족한 수가 나오지 않았다.

마땅한 의견이 나오지 않아 손을 들고 제안했다.

"아시는 바와 같이 판문점에는 학교 운동장 같은 5만 석의 쌀을 받아서 쌓아 놓을 만한 공터가 없습니다. 시간이 촉박하니 판문점 인근의 땅을 깎고 나무를 잘라서라도 평평한 공터를 만들고, 공항에서 활주로 피해 복구에 사용하는 BDR(Bombed Damage Repair) 키트를 빌려와 출입 도로와 공터 바닥에 깔아 질퍽거리지 않게 하면 좋겠습니다. 그리고 비가 올 것에 대비해서 철주를 세우고 코오롱 텐트지로 지붕을 입히면, 비를 피할 수 있는 모양 좋은 임시 창고가 될 것입니다."

예산을 생각하는 국무 조정 실장이 머뭇거리자, 현홍주 안기부 제1차장이 반색하며 밀어 붙였다.

"다른 대안이 없으니 교통부 정 과장 의견대로 합시다."

머릿속으로 현장에서 벌어질 동선을 상상해 보니 한 가지 더 해결해야 할 문제가 있었다. 인부를 이용해서 북측 트럭에서 쌀을 옮기는 모습이 거슬렸다. 그래서 정미소에서 사용하는 컨베이어 벨트를 모아서 깨끗하게 청소하고 페인트 칠해서 북측 트럭에서 쌀을 옮길 때 사용하자는 의견을 추가했다.

북측에서 오기로 한 전날 판문점에 비가 내렸다. 어버이 수령이 보낸 쌀을 비 맞히거나 험하게 다루면 북측에서 트집 잡고 항의할 건 자명한데 다행히 당일 아침에 비가 멈췄다. 야산을 깎아 만든 하역장은 전날 내린 비에도 아무런 영향을 받지 않았다. 임시 활주로처럼 평평했고, 군막처럼 근사했다.

북측 트럭에서 빨간 페인트를 칠한 컨베이어 벨트를 타고 쌀이 옮겨지는 장면은 외신을 타고 전 세계에 송출되고, 주요 일간지 일면에 실렸다.

남북 사이에 최초로 성사된 판문점 쌀 수송 작전은 성공이었다. 북측은 트집을 잡지 못했고, 임무를 마친 TF팀은 해산했다. 얼마 후, 안기부에서 표창장과 함께 상금 200만 원을 보내왔다. 큰 돈이었다. 함께 일한 분들과 상금을 나누면서 남북 관계 개선에 역할을 한 것 같아 뿌듯했다.

그리고 1년 후, 수해로 물꼬가 트인 남북 관계는 분단 후 최초로 이산가족 상봉 행사를 서울과 평양에서 열었다.

비상하는 항공 산업과 국제 항공 과장

1986년 1월, 고참 서기관의 보직 중의 하나로 꼽히는 국제 항공 과장으로 전보되었는데 항공 정책 과장에 이은 두 번째 항공 산업과의 인연이었다.

전두환 정부는 '86 서울아시안게임'과 '88 서울올림픽' 준비에 모든 화력을 집중하고 있었다. 아시안게임은 대한민국에서 최초로 개최되는 국제 종합 스포츠 대회로 국민적 기대가 컸고, 2년 뒤에 같은 장소에서 열리는 서울올림픽의 리허설 성격이 강해서 모든 부처가 심혈을 기울여 준비하고 있었다. 올림픽의 성패는 국가의 미래였다.

항공 분야에서는 대한민국 관문인 김포국제공항을 4년여 공사 끝에 확장했다. 제2활주로를 신설하고, 기존 제1활주로는 길이를 400m 연장해서 3,600m로 만들고, 국제선 제2터미널을 완공했다.

정부로서는 올림픽을 치르려면 김포공항 확장 공사와는 별개로 안정된 국제 노선 확보가 절실했다. 이를 위해서는 인재가 필요했다. 국가간 손익이 달려 있는 항로 협상에는 치밀하고 전략적인 인재가 필요하다고 생각하고 부산 해난심판원에 내려가 있던 이재붕 사무관(훗날 국토교통과학기술진흥원장 역임)에게 합류를 요청했다. 이재붕 사무관은 철도고등학교를 졸업하고 국민대학교와 서울대 행정대학원에서 행정학을 전공한 섬세한 지략가로 신뢰할 수 있는 인재였다.

인재를 보강한 국제 항공과는 황금 노선으로 알려진 한일 노선의 정상화가 시급하다고 판단하고, 팀을 구성해서 일본 정부에 협상을 요청했다. 한일간 특수 관계는 차치하더라도 아시안게임과 서울올림픽을 성공적으로 치르려면 일본 정부의 원활한 항공 협조가 절실했다.

일본 정부의 협상 파트너는 국제 항공과 히라노 과장으로 은근히 친한 성향을 가진 합리적인 사람이었다. 한국과 일본을 오가며 협상하면서 대화가 통하자 사석에서 형, 동생으로 부를 만큼 가까운 사이가 되었다. 인간적으로 신뢰가 쌓인 히라노 과장과의 치열한 협상으로 KAL과 JAL 일대일로 단일화되어 있던 한일 노선을 복수화하기로 합의했다.

일본 측에서는 ANA항공과 NCA 일본화물항공을 투입하고, 우리 측에서는 아시아나 항공이 준비되면 서울-도쿄 구간을 취항하기로 합의하면서 양국간 운송량을 두 배 이상 증가시켰다.

힘겨웠던 한일 노선 협상이 타결되어 숨통은 텄지만, 올림픽을 대비하려면 다양한 국제 항로를 개척해야 했다. 국제민간항공기구(ICOA)의 본부가 있는 몬트리올과 아시아 본부가 있는 방콕을 오가며 해외 노선을 확장하고 88 서울올림픽과 올림픽 이후 항공 수요를 준비했다.

1983년 5월 5일 어린이 날, 전국에 공습 경보가 울리고 중공 여객기가 춘천 미군 기지에 불시착하는 사건이 있었다. 1949년 10월 중화인민공화국이 건국된 후 중국에서 한국으로 날아온 첫 번째 민항기였다.

그러나 한국으로 날아온 중공 민항기는 하이재킹(hijacking) 당한 비행기였다.

양국 정부는 난감했다. 남한과 중공(중국 공산당)은 서로를 부를 국호조차 마땅치 않은 적대적 미수교 국가로 외교 채널이 없었다. 사건 발생 3일 만에 중공민용항공국 쎈투(沈圖) 국장을 대표로 33인의 관리와 승무원이 서울을 방문해서 외무부 공로명 차관보와 외교 각서를 작성하면서 처음으로 대한민국과 중화인민공화국이라는 양국의 정식 국호를 사용했다.

정부는 불시착한 중국 여객들을 워커힐 호텔에 묵게 하고, 자연농원 등을 관광시키며 융숭하게 대접해서 선물 보따리와 함께 돌려보냈다. 중국 여객들은 인민복 차림으로 남루해 보였지만 중국 내에서 비행기로 여행할 수 있는 영향력 있는 신분이었다. 그들은 눈으로 확인한 남한의 발전에 놀랐고, 융숭한 대접에 감사했다. 이를 계기로 양국간의 관계가 급속히 개선되고 체육, 문화, 관광 등 비정치적인 분야에서 교류가 시작되었다. 사건 다음 해인 1984년, 중국은 공산권 국가 중에서 가장 먼저 86 아시안게임과 88 서울올림픽 참가를 선언했다.

그 후, 국제 항공과는 물밑에서 한중간 항공 협상을 추진하면서 중국이 아시안게임과 서울올림픽에 참가하는 하늘 길을 안내했다.

국제 항공 과장은 업무상 해외 출장이 잦았다.
해외여행이 자유화되기 이전이라 공무로 가는 출장이지만 주변의 부러움을 샀다.
출장지에서 매년 달라지는 대한민국의 위상을 실감하면서 공무원으로서 자존감이 충만했지만, 공무원 봉급은 크게 오르지 않아 여전히 박봉이었다. 가진 것 없이 시작한 가정이라 셋집을 전전하며 세 아들을 교육시키다 보니 늘 생활비가 부족했다. 동네 가게에서 외상을 하고 살다가 봉급날이면 갚는 일이 반복되었지만, 아내는 급여에서 상당한 금액을 용돈으로 떼어 주었다. 일반미 대신 정부미를 먹으며 절약에 절약을 하면서도 기죽지 말고 유혹을 이기라는 무언의 응원이었다. 사실 유혹에 적당히 대응하면 외상을 하지 않아도 되었고, 정부미 대신 일반미를 먹을 수 있었다. 그러나 그럴 생각도, 그럴 만한 용기도 없었다. 그렇다고 빈곤하지는 않았다. 조금씩, 천천히, 이전보다 나아지고 있었고, 아들 삼 형제도 잘 성장하고 있었다.

그러던 어느 날, 막냇동생이 폐암 진단을 받았다는 청천벽력 같은 소식을 들었다.
암은 곧 죽음이라는 두려움이 팽배하던 시절이었고 폐암은 더욱 그랬다. 동생은 아내와 어린 아들 하나가 있는데, 암 보험이 있을 때도 아니고 스스로 모든 걸 감당하기에는 버거워 보였다. 형으로서 마땅히 보탬이 되고 싶었지만 고시 패스한 중앙 부처 과장의 경제적 현실은 형제들이 생각하는 것과는 크게 차이가 있었다. 하지만 어떻게든 최선을 다해 동생을 돕고 싶었다.
한 번도 입밖에 내지 않았지만, 형제들에게는 혼자만 대학 진학의 기회를 얻었다는 마음의 빚이 있었고, 어려서부터 잘 따르던 동생이어서 더욱 그랬다. 사실 기회가 되면 형제들 모두에게 경제적인 도움을 주고 싶다는 생각은 해 봤지만, 공무원의 현실은 박봉이었다.

열심히 치료를 받았지만 동생의 암은 깊어졌다. 서울대학병원으로 옮겨 치료를 지속하려고 하니 경제적인 여건이 만만치 않았다. 치료가 길어지자 아내가 취직하겠다고 나섰다.

말이 취직이지 가정주부가 할 수 있는 직업은 마땅치 않았다. 아내가 시동생 치료비에 보탬이 되겠다고 웅진출판사 외판원으로 나섰다. 말리고 싶었지만 다른 대안이 없었다. 신혼 시절엔 농촌 지도소 공무원으로 고시 공부하는 남편을 뒷바라지 했고, 유학 시절에는 스키복 제조 공장에서 재봉 기술자로 일하면서 부족한 유학 비용을 보충했었다. 그런데 이번엔 시동생 치료비를 보태겠다고 출판사 외판원을 자청했다. 고맙다는 마음 외에는 감사를 표현할 방법이 없었다.

아내는 행여라도 지인들이 알면 불편해 할까 봐서 주변에 비밀로 했는데, 영업을 잘해서 그만 둘 무렵에는 회사에서 퇴직을 말렸다고 했다. 그러나 막냇동생은 회복하지 못했다.

대한민국은 '86 아시안게임'과 '88 서울올림픽'을 성공적으로 치러냈다.

일인당 국민 소득 20,000불 시대가 되었고, 자신감을 얻은 노태우 정부는 1989년 1월 1일부로 해외여행 전면 자유화를 실행했다. 단수와 복수로 구별되었던 여권은 일반여권으로 일원화되었고, 국제 항공 수요는 폭발적으로 증가했다. 새로운 시대가 열린 것이다.

국제 항공 과장으로 아시안게임과 올림픽을 치르면서 과오 없이 업무를 수행해서 내심 부이사관 승진을 기대했다. 그런데 해외여행 자유화가 발표되고 며칠 후에 승진 대신 6년 전에 거쳤던 도시 교통 과장으로 전보되었다. 일반적인 인사는 아니었다.

미완의 모범택시, 다시 교통 과장으로

승진 누락으로 섭섭했지만, 다급해진 도시 교통 정책을 보완하라는 의미로 받아들였다.
도시 교통 문제는 주택 문제와 함께 정부와 서울시의 최대 고민거리였다. 올림픽 이후 자가용이 대중화되면서 서울시는 엄청난 교통 체증에 시달리고 있었다.

다급해진 서울시는 2기 지하철로 교통 수단을 분산하고 대기 오염 문제를 해결하려고 했다. 기존의 1기 지하철(1, 2, 3, 4호선)이 서울의 남북을 연결하는 종축으로 관통하고 있다면, 2기 지하철(5, 6, 7, 8호선)은 횡축인 동서 연결에 중점을 두고 계획되었다.
건설 중인 5호선은 강서구에서 강동구와 송파구로 연결하고, 하남시까지 이어 주는 동서 노선으로 연결해서 인구

흐름을 동서로 분산시키고자 했다. 그러나 1,000만 명에 육박한 서울 시민과 500만 명에 달하는 경기도민들이 뒤엉켜 수도권 교통 흐름은 원활하게 소통되지 않았다.

대중교통 수송 수단뿐만 아니라 택시 서비스에 대한 시민들의 불만이 컸다.
그러나 서울의 택시는 도쿄, 뉴욕, 런던, 파리 등 타 대도시 택시에 비해 운행 요금이 저렴하고, 택시가 대중교통 수단으로 활용되고 있어 택시 기사들에게 양질의 서비스를 강요할 수 없었다.
택시 문제를 해결하려고 양복 호주머니를 모두 꿰맸다. 행여라도 나도 모르게 돈 봉투를 꾸겨 넣을까 염려스러워 어디를 가나 호주머니를 꿰맨 양복을 입고 택시업자들을 만나서 그들의 얘기를 들었다. 그러나 기존 택시 회사의 파격적인 변화는 기대하기 어려워 보였다.
기존 택시와 차별된 검정색 중대형 세단으로 고급 서비스를 제공하는 모범택시(Deluxe Taxi) 도입을 검토하고, 경제기획원과 요금 체제를 협의했다. 일부에서는 요금을 현실화한 모범택시 도입을 런던의 블랙 캡을 모델로 했을 거라고 추측했지만 블랙 캡과는 다른 개념이었다. 모범택시 도입으로 택시 서비스의 물꼬를 터보려고 했지만, 부이사관으로 승진하면서 공보관으로 전보되었다.

공무원의 꽃,
국장

산본 신도시에 사는 공보관

인천국제공항을 품은 항공 국장

교통부 마지막 관광 국장

행복한 국토 계획 국장

산본 신도시에 사는 공보관

사무관으로 공채 된 지 17년 만에 국가 정책의 첫 단추 같던 10년의 서기관 시대를 마감하고, 1989년 12월 28일 3급 부이사관으로 승진하면서 교통부 공보관으로 전보되었다.

공보관이란 장관을 보좌해서 교통부의 시책과 업적을 기자를 통해 국민에게 알리는 대변인으로 주 업무는 출입기자들을 상대하는 일이었다.

언론과 대면하는 업무는 쉽지 않았다. 국민의 알 권리를 강조하는 언론과 정제된 보도를 희망하는 부처 사이에 늘 신경전이 있었다. 그러나 국민의 알 권리를 앞세운 기자들 앞에서 공보관은 '슈퍼 을'이었다. 기자들과 어울려 식사하고, 낮술을 하면서도 한 순간도 긴장을 늦출 수 없었다.

간간히 식당에서 관행처럼 벌어지는 화투판에서 적당히 잃어 주는 실력을 갖춰야 했고, 낮술이 잦으니 공보관 사무실에는 간이침대를 두고 있었다.

그러나 언론의 생리를 파악해 보니 기자는 낮술과 화투를 원하는 게 아니라 정보의 실체를 파악하려는 기자들의 기술 중의 하나였다. 낮술이야 어쩔 수 없다 해도, 화투놀이는 화투짝에는 손도 대지 말라는 아버지의 유언을 핑계 삼아서 빠졌다. 그대신 어정쩡하고 애매한 표현 대신 잘 정돈된 기사거리를 제공하겠다고 약속하고 실천하면서 기자들에게 신뢰를 받았다. 기자들 사이에서 평판이 좋았는지 이례적으로 33대 김창근 장관, 34대 김창식 장관, 35대 임인택 장관을 보좌하며 1년 6개월 동안 교통부 공보관을 했다. 공보관 시절은 언론의 생리를 온몸으로 체험했던 시간으로 공직에 있는 동안 도움이 되었다.

공보관 시절에 노태우 정부에서 주택 200만 호 건설의 일환으로 수도권 1기 5대 신도시로 분당, 일산, 산본, 중동, 평촌 5곳을 건설했는데, 그중에서 경기도 군포시 산본 신도시 아파트에 당첨되었다. 아들 셋을 데리고 14번을 이사하면서 추첨마다 번번히 떨어져 속상했는데, 이보다 더 좋을 순 없었다.

모든 게 너무 좋았다. 산본 아파트는 정부 제2종합청사가 건설 중인 과천시와 인접해 있고, 교통부 청사도 서울역에서 과천 청사로 이전을 준비하고 있으니 출퇴근 문제도 편해질 것이다. 입주를 기다리는 동안 주말이면 아내와 함께 아파트 공사 현장이 내려다보이는 수리산을 등산하며 한층 한층 올라가는 아파트를 바라보는 행복을 누렸다.

그러나 서운한 문제도 있었다. 사무관 시절부터 성북구 월계동 성천감리교회(담임 김기택 목사)에 출석하며 신앙 생활을 했다. 지금은 노원구 월계동이 되었고, 성북역은 광운대역으로 명칭이 변경되었지만, 서울 북단의 외곽 동네에 있는 교회에서 훌륭한 목사님과 사모님을 만나 아내와 함께 진지하게 신앙 생활을 했다. 기도하는 마음으로 업무에 임했고, 감리교회 권사가 되었다.

공보관이 된 이후에 장로 직분을 권유 받을 만큼 열심이었는데 집이 산본 신도시로 이사하고, 교통부 청사가 과천으로 옮기면서 어쩔 수 없이 교회를 옮기게 됐다.

아파트가 준공되고, 풍수(風水)에 조예가 있는 친구가 판정승을 배출할 명당이라고 추켜세우는 내 집으로 이사했다.

인천국제공항을 품은 항공 국장

도시 교통 국장을 거쳐 1992년 5월 22일 항공 국장으로 전보되었다.
운이 좋은 건지, 일복이 많은 건지 1989년 노태우 정부에서 경부 고속 철도와 함께 2대 국책 사업으로 지정한 수도권 신공항 건설이 추진되고 있었다.

정부는 서울에서 1시간 거리에 수도권 신공항 부지를 물색했다. 우여곡절이 있었지만 최종적으로 영종도 일대와 시화 2곳이 경합해서 1990년 6월 영종도가 최종 낙점됐다. 수도권 신공항 부지로 확정된 영종도는 영종도와 용유도 사이에 삼목도와 신불도를 포함하는 4개의 서로 다른 섬을 포괄하는 명칭이었다. 정부는 수도권 신공항 건설의 타당성 조사와 기본 설계에 박차를 가하며 노태우 정부

임기 내에 착공과 1997년 1단계 준공을 목표로 했다.

신공항 건설은 국가 미래에 영향을 미치는 엄청난 규모의 국책 사업이었다.

담당 국장으로서 소신을 가지고 일했지만, 환경운동가들은 갯벌 생태계와 철새 도래지가 파괴된다고 반대했고, 경제학자들은 세계 최대 규모의 시카고 오헤어(O'Hare) 공항의 2배, 아시아 최대라는 일본의 간사이(Kansai) 공항의 5배에 달하는 부지를 낭비라고 질타했고, 공학자들은 갯벌을 매립한 부지가 간사이 공항처럼 침하할 거라고 예측하며 공학적으로 반대하는 소리를 냈다.

그러나 영종도 공항 부지를 실사하러 온 FAA(미국연방항공청) 직원들은 실사를 마치고, 신이 내린 공항 부지라고 평가하면서 한국은 축복받은 나라라고 했다.

매립할 지역의 수심은 낮았고, 뻘은 깊지 않았고, 뻘의 밑바닥은 암반으로 침하 예상은 5cm 미만이었다. 삼면이 바다로 둘러 있고, 북쪽 육로는 휴전선으로 막혀 있는 교통의 섬나라 대한민국의 하늘길을 열어 줄 영종도 공항 부지는 축복이었다.

반대를 극복하고, 항공 국장으로 1992년 11월 21일 매립 공사를 착공하면서 대한민국은 인천국제공항을 잉태했다. 여의도 면적의 18배에 달하는 총면적 5,606만m²(1,700만

항공 국장으로 1992년 11월 21일 매립 공사를 착공하면서
대한민국은 인천국제공항을 잉태했다.
여의도 면적의 18배에 달하는 총면적 5,606만m²(1,700만 평)의
광대한 공항 부지는 미래 수요를 예측한 준비였다.
인천국제공항이 잉태되는 시점에 항공 국장으로 참여한 것은
공직자로서 큰 행운이었다.

평)의 광대한 공항 부지는 미래 수요를 예측한 준비였다. 출산 때까지 어려움이 있었지만, 인천국제공항이 잉태되는 시점에 항공 국장으로 참여한 것은 공직자로서 큰 행운이었다.

1993년 7월 26일 월요일 오후에 항공 사고가 발생했다는 긴급한 보고를 받았다.
김포국제공항을 출발해서 15시 15분 목포공항에 도착 예정이었던 아시아나 항공 OZ-733편 여객기가 강한 비가 내리는 목포공항에 2차례 착륙을 시도하다가 실패하고, 세 번째 착륙을 시도하던 중에 광주공항의 관제 레이더에서 사라지고 통신이 두절되었다는 보고였다. 대형 사고가 직감되었다.
목포공항은 작은 공항으로 악천후로 시야가 제한되어 상황조차 파악하지 못했다.
상부에 보고하고, 인근 군경 당국에 도움을 청했지만 거센 폭우로 실효가 없어 대책을 숙의하고 있는데 사고 현장이 파악되었다는 소식이 들어왔다. 추락 현장에서 탈출한 생존자 2명이 산에서 내려와 인근 파출소에 신고하면서 알게 된 추락 지점은 목포 비행장에서 10km 정도 떨어진 해남군 화원면 마산리 야산이었다. 탑승객은 승무원 6명을 포함해서 총 116명으로 대한민국에서 일어난 최악의 항공 사고였다.

생존자 구출을 신속하게 추진했지만, 폭우와 산중 추락으로 119구급대가 현장에 접근할 수 없었다. 긴급하게 해군에 도움을 청하고 대잠 헬기를 투입했지만, 대잠 헬기는 들것을 놓을 공간이 없어 부상자들을 서 있는 채로 와이어에 매달아 수송해야 했다.
이로 인해 예기치 못한 문제가 발생했다. 척추 부상자들은 하반신 마비 등 2차 피해가 우려되었고, 가벼운 여름 원피스 차림의 여성 부상자들은 원피스가 바람에 날려 위로 젖혀지면서 속옷이 노출되는 장면이 모자이크 없이 하루 종일 방송에 보도되었다.
그나마 다행인 것은 폭우였다. 폭우로 인해 발생한 사고지만, 폭우로 인해 항공유가 누출되었음에도 불구하고 2차 폭발이나 화재가 발생하지 않았다. 결과적으로 탑승객 110명과 승무원 6명 중에서 기장과 부기장을 포함한 68명이 사망하고 48명이 생존했다.

구조하는 동안 안타까운 사연들이 보도되고, 미확인된 추측 기사가 난무했다. 이를 방치할 경우 여론에 떠밀려 진실은 묻히고, 추측이 사실로 오인될 가능성이 농후했다. 정확하고 분명한 정부 브리핑이 필요했다. 공보관 경력 1

년 6개월의 항공 국장이 나서서 정기적으로 브리핑하고 질의 문답에 응대하자 기자들이 정부 발표에 신뢰를 보내면서 추측 기사가 대폭 줄었다.

사고 원인은 당시 정시 이착륙 세계 1위를 홍보하던 아시아나 항공의 홍보 정책에 기장이 영향을 받았는지 여부는 확인할 수 없었지만, 폭우로 인해 시야를 확보하지 못한 악천 후 상황에서 활주로 길이가 1,500m에 불과하고, 계기 착륙 장치가 없는 소규모 목포공항에 무리하게 착륙을 시도하다 발생한 사고로 결론이 났다. 이에 따라 유족들의 협조로 아시아나 항공에서 희생자들에게 보상금을 지급하는 것으로 항공 참사는 수습되었다.

당시 사고 현장을 지키면서 유족들과 나눈 안타까운 사연들은 하나같이 절절했고, 가슴 아픈 기억이 되어 항공 안전을 마음에 새겼다.

교통부 마지막 관광 국장

항공 사고를 수습하는 과정에서 항공 국장이 나서서 언론에 브리핑하는 걸 언론인 출신 장관이 불편해했다는 소문과 함께 공보관 발령이 사실처럼 돌았다. 어쩌겠는가? 좌천성 인사를 각오했는데, 1993년 9월 9일 이사관으로 승진하면서 관광 국장으로 전보되었다. 한 번쯤 근무하고 싶었던 부서이기는 하지만 국가적인 행사인 '한국 방문의 해'를 4개월 앞둔 시점에서 갑작스러운 발령은 의아했다.

1993년 2월에 출범한 김영삼 정부는 늘어나는 관광 수지 적자와 관광 산업의 침체를 획기적으로 개선하려고 목표를 세웠다. 2000년대를 대비해서 국제 관광과 국내 관광을 균형 있게 발전시키고, 세계 10대 관광국으로 도약할 계획의 일환으로 '한국 방문의 해'를 추진했다.

국무총리를 위원장으로 경제기획원, 외무부 등 관계 부처 장관을 위원으로 하는 관광정책심의위원회에서 '94 한국 방문의 해' 기본 계획과 관광 진흥 중장기 계획을 심의, 의결하고 정부안으로 최종 확정했다. 이에 따라 국무총리를 위원장으로 관계 부처 장관을 위원으로 하는 정부지원위원회를 구성하고 범 정부적으로 지원을 결의했다.

주무 부서인 교통부에서는 산하에 있는 한국관광공사 사장을 위원장으로 하는 추진위원회를 가동했다. 그리고 교통부 차관을 위원장으로 하는 정부지원실무위원회가 구성되고, 관광 국장을 단장으로 하는 '94 한국 방문의 해' 지원단이 결성되었다.

'한국 방문의 해'는 박정희 정부에서 추진했던 경주 보문 관광 단지, 제주 중문 관광 등 관광 단지 개발 이후, 가장 혁신적인 관광 진흥책으로 달성 목표는 외래 관광객 유치 450만 명과 관광 외화 수입 50억 불이었다.

태조 이성계가 조선을 세우고 1394년 9월 27일(음력 8월 2일) 한양을 도성과 성밖 10리까지로 경계하고, 개경에서 한양으로 천도를 결정한 지 600주년이 되는 해라고 의미를 부여하며 '서울 정도 600주년 기념, 94 한국 방문의 해'라고 대대적으로 홍보했지만 관광 산업의 현실은 낙관적이지 않았다.

관광 산업은 고부가 가치, 고용 창출 산업인데도 관광에 대한 국민 의식은 소비성 사치 산업이라는 이미지가 강했고, 해외 관광객은 일본 의존도가 높았다.

'94 한국 방문의 해' 시작을 4개월 앞두고 관광 국장이 되어 단시일에 관광 상품을 발굴하는 건 어렵지만, 기존의 관광 상품을 활성화하는 건 가능했다. 사행 사업으로 분류되어 경찰청에서 관리하던 카지노를 관광진흥법상에 관광업종에 포함시켜 교통부에서 관리하도록 개정하고, 외국인 전용 카지노를 활성화했다. 그리고 욕을 먹으면서도 식당, 나이트클럽, 술집 등의 영업 시간을 늘리고, 사행성 사업으로 묶여 있던 업종을 선별해서 각종 규제를 풀었다. 규제가 풀려 불법으로 영업하던 업소들이 합법적으로 영업하게 되자 어둠의 세력들이 불만을 토로했지만 사치성 사행 사업으로 지탄을 받던 업종들이 하나둘씩 변모하며 관광 산업으로 자리를 잡아갔다. 공무원이 먼저 나서서 스스로 규제를 푸는 일은 흔치 않은 사건으로 관광업계는 크게 환영했다.

관광지를 돌아보니 관광지를 안내하는 표지판이 눈에 띄지 않았다.

도시 안에서는 경찰청이, 도시 밖에서는 건설부에서 관리하는 초록색 교통 표지판에 관광지를 안내하는 표지가 보이지 않았다. 내부 논의를 거쳐 초록색 교통 표지판과 구별되는 밤색으로 관광지 안내 표지판을 만들어 설치하면서 차별화된 색상으로 관광지 안내가 시작되었다.

'94 한국 방문의 해'의 핵심은 해외 관광객 450만 명을 유치하는 것이었다.

모든 부처가 '94 한국 방문의 해'를 홍보하며 적극적으로 지원하고 있었지만, 일본 단체 관광객의 호응이 성패의 핵심이었다. 그러나 경제 호황과 엔화 강세로 해외여행 시장의 최강자로 군림하는 일본의 대형 여행사는 사장을 만나는 것조차 쉽지 않았다. 이런 환경에서 한국 정부의 관광국장이 일본 여행사 사장들을 만나서 '94 한국 방문의 해'를 설명한다고 해도 협조할 거라는 보장이 없었다. 그래서 일본 정부 운수성 관광부 아라이 부장을 만나 도움을 청했다. 나라현 출신의 아라이 부장(훗날 해안보안청장관 역임, 나라현 4선 지사)은 친화력이 강하고 결단이 빨랐다.

한국에 대한 지식이 풍부한 아라이 부장은 협조를 요청하자 흔쾌히 수락하고 빠르게 반응했다. 정부 인사를 존중하는 문화가 있는 일본인들답게 바쁜 일정을 이유로 만나기조차 어려웠던 일본의 10대 여행사 대표들이 아라이 부장의 인솔로 전원 제주도를 방문했다. 생각하지 못한 호재였다. 그들에게 제주도를 안내하며 '94 한국 방문의 해'를 소개하고 참여를 요청하자 숙박 시설을 개선한다면 적극 참여하겠다는 의사를 밝히면서 일본 단체 관광객 유치에 물꼬를 텄다. 이에 정부는 '93 대전엑스포'에 이어 '94 한국 방문의 해' 기간 중에 일본 관광객을 무비자 입국으로 지원했고, 관광 호텔 객실 개선에는 세제 혜택을 주었다.

일본 여행사 사장들은 하나같이 제주도에 3개밖에 없는 골프장을 아쉬워하면서, 좋은 골프장이 많이 생기면 관광객을 유치하는 데 도움이 될 거라고 조언했는데 그렇게 되었다.

김영삼 정부가 출범하면서 조선총독부 건물을 철거하겠다고 발표했다. 광화문과 근정전 사이에 있는 조선총독부 건물(1926년 준공)은 일제 통치와 수탈의 상징이었다. 그러나 해방 후에는 제헌 국회가 열렸고, 1948년 8월 15일 대한민국 정부 수립 이후에는 대통령 집무실과 중앙 행정관청으로 기능하며 중앙청이라고 불렸다. 6·25 전쟁 당시 서울 수복 때는 가장 먼저 태극기를 달았고, 제3공화국이 시작되면서 중앙청 기능이 소멸되고 1986년부터는 국립중앙박물관으로 사용하고 있는 대한민국 근·현대사를 관통하는 우리의 건물이었다.

김영삼 대통령이 철거를 선포하자 보존해야 한다는 의견과 철거해야 한다는 주장이 다양한 논리로 첨예하게 대립했다. 관광 국장으로서 관광 자원으로 활용하면 어떻겠냐는 의견을 상부에 타진했지만 반응이 없었다. 때마침 경주 보문 관광 단지 인근 문무대왕 수중릉이 있는 감포읍 일대에 활용할 만한 땅이 있어 조선총독부 건물을 일부라도 옮겨와서 관광 자원으로 활용하는 방안을 제안했지만 부질없는 노력이었다.

일본 단체 관광객들이 국립중앙박물관으로 활용하고 있는 총독부 건물을 관광 코스로 지정해서 방문하고 있다는 소문과 일본 정부에서 비용을 지불하고 총독부 건물을 일본으로 옮기려고 한다는 확인되지 않은 루머가 돌았다. 이에 분노한 김영삼 대통령이 "일본의 버르장머리를 고쳐 놓겠다."고 하면서 폭파를 지시했다는 소문이 돌았다.

그러나 조선총독부 건물은 폭파되지도, 보존되지도, 관광 자원으로 활용되지도 않았다.

'94 한국 방문의 해'를 마친 다음 해 1995년 8월 15일 광복절 아침에 지상파 3사가 생중계하는 가운데 불꽃놀이를 하면서 첨탑을 분리하고, 철거를 시작했다. 철거는 1996년 말까지 이어졌고 분리된 첨탑은 독립기념관 서쪽에 방치됐다.

많은 사람들이 김영삼 대통령이 조선총독부를 폭파시켰다고 기억하지만, 경복궁 안에서 폭파 방식의 철거는 불가능했다. 첨탑은 절단해서 크레인으로 들어 올려 제거됐고,

1년여 동안 폭파가 아닌 기계식 공법으로 철거했다. 그러나 마지막 외벽을 철거할 때 먼지를 뿜으며 무너지는 장면이 마치 폭파되는 것처럼 방송되어 폭파시켰다는 기억의 오해를 낳았다. 굴뚝 없는 수출 산업이라는 관광 산업이 발전하기 위해서는 기존의 관광지를 활성화하는 일이 우선이고, 새로운 관광 상품을 개발하는 것은 숙원이었다.

'94 한국 방문의 해'는 관광 입국을 향한 두 번째 큰 걸음이었다.
목표를 달성했는지 정확한 기억이 없지만 '한국 방문의 해'가 지속해서 열리는 걸 보면 성과가 있었던 것 같다. '94 한국 방문의 해'가 마무리된 1994년 12월 말, 정부 조직 개편에 따라 관광 업무가 문화체육부로 이관되면서 교통부 마지막 관광 국장의 임무도 마쳤다.

행복한 국토 계획 국장

김영삼 정부의 정부 조직 개편에 따라 1994년 12월 23일부로 교통부는 건설부와 통합해서 건설교통부가 되었고, 제1대 건설교통부 장관으로 오명 교통부 장관이 취임했다.

청와대 조직에 건설 비서관은 있었지만 교통 비서관의 보직은 없었다.
1995년 1월, 첫 교통 비서관으로 청와대에 파견되었으나 국가 경쟁력 강화 기획단에 소속되어 출근했다. 국가의 미래를 위해 큰 구상을 하는 조직을 경험을 한 지 3개월쯤 되었을 때, 국토계획 국장으로 발탁되었다. 교통부와 건설부가 통합되면서 조직 개편은 불가피했다.
그러나 건설부의 선임국인 국토계획국의 국장으로 교통

부 출신이 발탁되자 신선한 충격으로 우려하는 목소리가 들렸다. 국토계획국은 국토 건설 종합 계획 수립과 수도권 및 대도시 정비 계획, 국토 이용 계획 등을 다루는 중요한 부서였다. 교통부 시절에 전국의 교통망을 다루면서 국토의 구석구석을 알고 있다고 생각했는데, 국토계획국의 업무는 그 이전 단계로 더 포괄적이고 전국의 땅값을 좌지우지 할 만큼 중요한 부서였다.

그러나 사심이 개입되지 않으면 공무원의 업무는 단순했다. 사욕과 민원이 들어올 시간을 차단하기 위해 국장실을 개방하고, 실무자 보고에 귀를 기울이고, 결재 서류가 지체되지 않도록 했다. 전국을 순회하며 땅이 필요한 기업들의 애로 사항을 경청하자 귀가 열렸다. 산업은 물을 필요로 했고, 땅은 물과 함께 개발되어야 가치가 있었다. 국가 발전과 공익을 위해 국토 건설 종합 계획을 수립하고 산업 단지를 개발하는 업무는 새로운 시선으로 국토 개발에 접근하는 행복한 시간이었다.

국토 계획 국장 시절에 권도엽 입지 계획 과장(훗날 제2대 국토해양부 장관을 역임함)을 만났다. 경기고등학교와 서울대 토목공학과를 졸업한 수재로 빈틈없는 업무 처리가 인상 깊었는데 훗날 장관과 차관으로, 전임 장관과 후임 장관으로 인연이 이어졌다

국토계획국은 아산 국가 산업 단지 조성을 총괄하고 있었다.

국가 산업 단지는 1962년 울산 공업 단지를 시초로 전국 곳곳에 건설되어 인력 중심의 경공업과 대규모 공장 부지를 필요로 하는 중화학 공업 발전에 크게 기여했다. 그러나 1990년대에 들어 첨단 산업과 정보 산업이 발달하면서 산업 단지 조성에도 변화가 필요했다.

아산 국가 산업 단지는 1991년에 국가 공업 단지로 지정되고, 1994년 11월 산업 단지 관리 기본 계획이 제정되었다. 수도권 규제에서 벗어난 아산 탕정 지구 개발의 성패는 이후로 계획된 대규모 산업 단지 조정에 영향을 미칠 사안으로 직원들과 함께 업무에 속도를 냈다.

아산 탕정 지구가 개발되고 삼성전자가 입주를 확정하자 삼성장학금으로 공부했던 대학 시절을 떠올리며 뿌듯했다. 아산 탕정 지구에는 삼성전자 반도체 사업부와 삼성디스플레이가 입주했고, 뒤이어 코닝 정밀 소재와 인근에 현대자동차 아산 공장, 현대모비스, KCC, 한화그룹 등이 진출하면서 고급 일자리가 창출되고 신도시가 형성되었다.

개발 당시 인구 15만이었던 아산시는 34만의 신도시로 성장하고, 천안시(약 66만)에 이어 충남의 제2도시로 발전했다.

뜻밖의 발탁

초석이 된 기획 관리 실장

막다른 길에서

초석이 된 기획 관리 실장

훌륭한 성품의 실력자로 공적(功績)을 실무자에게 돌리는 제1대 오명 건설교통부 장관이 사임하고, 후임으로 국세청장 출신의 추경석 장관이 취임했다.

부산 출신으로 경남고와 성균관대학교를 졸업한 독립 유공자의 장남으로 국세청 차장을 거쳐 내부 출신으로 첫 국세청장을 지낸 분이었다. 노태우 대통령과 김영삼 대통령, 서로 다른 두 정권에서 제8대, 제9대 국세청장을 지내면서도 구설수에 오른 적이 없다고 했다. 주변의 평가로는 합리적인 인사로 후배들에게 존경 받는 국세청의 맏형으로 알려져 있었다.

추경석 장관이 취임하고 3개월이 지난 1996년 3월 18일 관리관(1급)으로 승진하면서 기획 관리 실장으로 전보되었다. 생각하지 못한 뜻밖의 승진이고, 발령이었다.

이사관으로 승진한 지 3년 차인데다 신임 장관과는 일면식도 없어 관리관(1급) 승진은 기대하지 않았다. 더구나 기획 관리 실장이란 자리는 각종 정책의 총괄 조정, 예산 관리, 조직 정원 관리, 법무 업무를 비롯해서 국회를 상대하는 보직으로 장관과 호흡을 맞춰야 하는 측근 보직이었다. 그런데 추경석 장관은 연고가 없는 직원을 취임 3개월 만에 관리관으로 승진시키며 기획 관리 실장으로 발탁했다. 그러면서 실장이 없는 항공 업무 결재 라인에 기획 관리 실장을 항공 국장과 차관 사이에 포함시켰다.

아무리 합리적인 인사로 국세청을 잘 이끌어 소리 없는 고수라고 소문이 난 장관이라지만 발탁하게 된 계기가 궁금했다. 어렵게 수소문해 보니 추경석 국세청장이 장관에 내정되자 지방 국세청장을 하고 있던 이건춘 청장(훗날 국세청장과 건설교통부 장관 역임)에게 건교부에서 눈 여겨볼 직원을 찾아보라고 지시했고, 지시를 받은 이건춘 청장은 나를 포함한 농고 출신 3인방을 추천했다고 했다. 이건춘 청장은 고시 동기로 왕래가 잦은 사이는 아니었는데 뜻밖이었다.

기획 관리 실장의 주요 업무 중의 하나는 장관을 모시고 국회를 상대하는 일이었다.

말끝마다 국민을 앞세우고, 입법 권한을 가진 국회 의원들을 설득하는 일은 큰 인내가 필요했다. 실무의 핵심을 파악하고, 의원들의 질문에 답변하고, 정무적 감각을 더해 참고 또 참아도 결과를 예측할 수 없는 고된 업무였다. 그러나 국회를 통과하지 않고는 국가 정책을 실현할 수 없으니 설득하는 기술을 찾아야 했다. 다수의 국회 의원들은 공무원들에게 지나치게 당당했고, 방송 카메라가 켜졌을 때와 꺼졌을 때가 너무나 다른 두 인격을 상대해야 했지만 지역구 주민들에게만큼은 친절했다.

추경석 장관은 추진 동력이 약해진 인천국제공항 건설과 경부 고속 철도 건설에 매진하면서 7대 광역권 개발에 박차를 가했다. 기획 관리 실장으로서 장관을 모시고 인천국제공항과 경부 고속 철도 건설 사업을 지원했지만, 하나같이 국회에서 녹녹한 일이 없었다.

기획 관리 실장은 국회로 출근해서 국회 의원들을 설득했고, 기획 관리 실장이 설득하지 못한 국회 의원들은 장관이 직접 설득에 나섰다. 추경석 장관은 곤란한 일을 부하에게 미루지 않는 리더였다.

항공 국장 시절 영종도 단지 조성 공사를 착공하면서 시작된 인천국제공항 건설은 주춤거리고 있었고, 수송 과장 시절 타당성 용역을 했던 경부 고속 철도 공사는 정체되어 있었다.

추경석 장관은 강단 있게 1996년 5월 31일 인천국제공항 제1여객터미널 공사를 착공하고, 그해 12월 30일 비행장 시설 공사를 착수했다. 그러나 환경 단체의 지속적인 반대에 시달리고, 부실 공사 논란과 잦은 설계 변경으로 공사가 지연되고 있는 중에 IMF 외환 위기가 닥쳤다.

난감한 상황에 봉착했지만 다행히 이를 극복할 만한 분이 수도권 신공항 건설을 이끌고 있었다. 수도권 신공항 건설공단 강동석 이사장(인천국제공항공사 초대 사장과 제12대 건설교통부 장관 역임)은 민관 합동 조사단을 구성해서 대대적인 점검으로 부실 공사 의혹을 일거에 해소했다. 그리고 외환 위기로 어려움에 봉착한 예산에 대해선 세계 최고 수준의 공항을 건설해야만 국제 경쟁력이 있는 공항이 된다고 정부와 국회를 끈질기게 설득했다.

인천국제공항은 수도권 신공항 건설공단 임직원들이 수많은 난관을 극복하면서 5조 6천억 원을 투입해서 제1여객터미널과 길이 3,750m, 너비 60m 활주로 2본을 갖춘 1단계 건설을 마무리하고, 2001년 3월 29일 개항했다. '2002 한일월드컵'이 개최되기 1년 전이었다.

경부 고속 철도는 1992년 6월 30일, 1998년 개통을 목표로 기공식을 했지만 잦은 설계 변경과 부실 공사 논란, 총 사업비 예측 실패로 공사가 지연되고 있었다. 기획 관리 실장은 매일 국회로 출근해서 국회 의원들을 설득했고, 기획 실장이 설득하지 못한 국회 의원들은 장관이 직접 설득에 나섰지만 진척이 더뎠다.

막다른 길에서

헌신적으로 일하던 추경석 장관이 사임하고, 1997년 3월 6일 PK 출신의 이환균 장관이 취임했다. 경남고와 서울법대를 졸업하고 재정경제부 차관과 국무총리실 행정 조정 실장을 역임한 친화력이 뛰어나다고 알려진 김영삼 정부의 재경부 출신 엘리트 관료였다.

신임 장관은 바쁘게 움직였지만 국가 경제 지표에 경고음이 울리고 IMF 외환 위기가 다가오고 있었다.

"시청자 여러분. 정부가 결국 국제통화기금 IMF에 구제 금융을 신청하기로 했습니다.

경제 우등생 한국의 신화를 뒤로 한 채 사실상의 국가 부도를 인정하고, 국제 기관의 품 안에서 회생을 도모해야 하는 뼈아픈 처지가 된 것입니다."

MBC 9시 뉴스데스크 앵커의 오프닝 멘트처럼 1997년

11월 22일, 김영삼 대통령의 대국민 담화를 기점으로 국가 부도가 공식화됐다.

일인당 국민 소득 1,700달러이던 1972년에 공직을 시작해서, 25,000달러를 달성하는 25년 동안 한강의 기적을 이루는 데 참여했는데, 기획 관리 실장이라는 고위 공직자로 재직하는 중에 IMF 외환 위기를 맞았다. 국민들의 고통은 말할 수 없이 심각했지만 근본적인 원인이 외환 위기라서 건설교통부 업무에는 직접적인 피해가 생각보다 적었다. 그러나 외환이 사용되는 인천국제공항과 경부 고속 철도 건설에는 영향이 있었다.

장관을 모시고 부처의 일을 총괄하고, 국회를 출입하면서 정무 감각을 발휘하는 기획 관리 실장은 차관 승진이 유력한 보직이었다. 내외의 평판이 좋아서 내심 차관 승진을 은근히 기대하고 있었다. 그런데 김대중 후보가 15대 대통령에 당선된 다음 날, 김영삼 정부 두 달을 남기고 1997년 12월 19일 수송 정책 실장으로 전보되었다.
인사는 장관의 권한이니 할말이 없지만 아쉬움이 컸다.
차관 승진의 기회는 무산되고, DJP 단일화 성공으로 36년 만에 정권 교체를 이룬 김대중 정부가 출범했다. IMF 외환 위기를 극복해야 하는 김대중 정부에서는 보직 별로 일 잘하는 실무형 인재를 찾았다. 그중에 철도청장도 포함되어 있었다. 직원이 40,000여 명에 달하는 철도청을 정상화 할 수 있는 철도청장을 상급 부서인 건설교통부 내에서 찾는다고 했다. 건설교통부에서 철도와 가장 가까운 보직은 기획 관리 실장이 아니라 수송 정책 실장이었다. 운명인지 행운인지 모르겠지만, 농림부에 이어 내 바람과는 다른 길로 인도되었다.

철도 100년,
철도청장

혁신의 시작

대전 시대와 관광 철도

현장 중심 경영과 철도 100주년

유명세와 망신

대전살이와 인재 발굴

철도 민영화와 호남 고속 철도

혁신의 시작

1998년 2월 25일, IMF 경제 위기 속에서 김대중 정부가 출범했다.

국민의 정부라고 칭한 김대중 정부에서 임명장을 받고, 1998년 3월 8일 제21대 철도청장으로 취임했다. 철도청은 건설교통부의 산하 기관으로 독자 경영이 가능한 조직이었다.

공무원에 임용된 지 26년 만에 50세의 나이로 철도청의 수장이 되었다.

언론에서는 신임 철도청장을 "건설교통부 내 옛 교통부 직원들의 맏형 격으로, 선이 굵으면서 업무에 대한 강한 추진력으로 '불도저'로 불린다. 도시 교통, 항공, 관광 업무에 탁월한 식견을 갖고 있고, 꽃 나무에 대한 관심이 많아 이 분야의 전문가 수준이다." (한국경제 1998년 3월 9일 자) 라고 소개했다.

취임사에서 '철도 주식회사론'을 펼쳤다. 철도청장이라는 고위 관료의 현직을 유지하기보다 변화를 추구하고 발전과 혁신을 지향하는 철도 주식회사의 사장이 되겠다고 선언한 것이다. 철도청은 하나의 기업이고, 청장은 철도 주식회사의 사장이고, 공무원 신분인 직원들은 사원처럼 일하자고 혁신의 바람을 예고하면서 무모한 도전을 선포했다.

평소 민간 기업보다 경쟁력 있는 국영 기업이 되어야 한다는 소신을 실천할 수 있는 기회가 온 것이다. 그러나 총자산 16조 95억 원의 철도청은 100년 동안 쇠로 만든 바퀴가, 강철로 만든 레일 위를 달리며 폐쇄적이고 관료적인 공무원들이 운영해 온 조직으로 고객 서비스의 개념이 원초적으로 없었다. 그러니 이런 상태로는 민간 기업이 운영하는 다른 수송 수단과의 경쟁에서 이길 수 없었다. 대대적인 혁신만이 살길이었다.

소비자의 요구를 우선시하는 고객 중심을 경영 이념으로 정하고, 전 직원을 대상으로 철도 중심에서 고객 중심으로 발상 전환을 강조하면서 상징적으로 철도청의 기구표를 뒤집었다. 최상층에 고객이 자리하고, 청장을 맨 아래에 위치시킨 역삼각형 구조의 '한국 철도 고객 지원 기구

표'를 만들어서 걸었다. 그러나 그런다고 조직 문화가 바뀌지 않았다.

하루는 이천세라는 직원이 보고드릴 것이 있다고 청장실로 찾아왔다.

"청장님! 사실 전임 김인호 청장께서 청장님께서 강조하시는 고객 만족 경영과 비슷한 내용을 시도하고 계셨습니다."

보고의 핵심은 전임 청장이 추진하던 고객 만족 경영을 직원들이 싫어해서 후임 청장이 부임하면 숨기기로 묵시적으로 합의했지만, 청장님이 추진하려는 방향이 옳은 것 같아 정동진 본부장과 함께 추진했던 업무를 보고하겠다는 것이었다.

"얼마든지 좋습니다. 용기를 내었으니 보고해 주세요."

흔쾌히 보고를 받아보니 내 생각과 일치하는 부분이 많았는데, 그중에 CS 곧 고객 중심 경영이 포함되어 있었다.

경영 혁신은 빠르고, 과감하고, 화끈하게 추진해야 실효를 기대할 수 있다. 청장 직속으로 '고객 중심 경영 혁신 기획단'을 조직하고, 이천세를 고객 만족 팀장으로 발탁해서 상사인 정동진 본부장과 함께 고객 만족 경영에 앞장 세웠다.

그리고 고객의 소리를 들었다. 인터넷에 청장과의 대화방을 만들고, 곳곳에 민원함을 설치해서 불편 사항을 모으고, 고객들과 직접 대화하면서 철도 이용 고객들의 건의를 모았다. 채택되는 내용의 고객에게 무료 승차권을 포상하자 일만여 건의 고객의 소리가 모였다. 이를 중심으로 직원들과 토론하고 숙고해서 철도 혁신 100대 과제를 선정하고, 스스로도 고객 만족 경영을 위해 끊임없이 아이디어를 구상하며 실행에 옮겼다.

전당포 창구처럼 밀폐된 매표 창구를 은행처럼 완전히 개방하려고 하니 창구 담당 직원들이 반대했다. 이유를 물었더니 철도청과 소송 관계에 있는 개인이나 기관에서 현금을 압류하려고 시도하면 창구에서 현금을 지켜야 한다는 생각지도 못한 이유였다. 그런 문제라면 청장이 책임지겠다고 설득해서 매표 창구를 은행 창구처럼 개방했다.

고객의 입장에서 보면 철도의 중심은 대합실이었다. 대합실을 우리말로 순화해서 '맞이방'이라고 부르고, 열린 매표소와 함께 종합 관광 안내센터를 설치하며 고객들에게 다가갔다. 그러나 100년 묵은 철도 역사(驛舍)의 환경은 우중충했고, 냄새 나는 철도 역사 화장실은 최악이었다.

역사에 있는 화장실을 현대식으로 개조하고 환경미화를 추진했다.

화장실 개조는 시설 관리 비용에서 충당하고, 환경미화

는 자율에 맡겼다. 환경미화 우수 역사를 선발해서 포상하자 전국의 역사 주변에 꽃이 피었다. 의외로 강철과 더불어 사는 직원들의 취미는 다양했고, 환경미화는 기대 이상이었다. 무엇보다 더럽고 냄새에 찌든 화장실의 변화는 직원들과 고객들에게 반응이 너무 좋았다. 하기야 개화기 대한민국은 공중화장실 개념이 없었다. 길거리에 소똥, 말똥, 개똥, 그리고 사람 똥까지 냄새는 물론 똥을 피하려고 땅만 보고 걸어야 했던 때가 오래지 않은 과거였다. 오죽했으면 시청에 길거리 똥 치우는 부서가 따로 있었다고 했다.

최악의 100년 묵은 철도 역사 화장실이 모두 현대식 화장실로 변했다.

소문은 빠르게 퍼지고 장관 주재 회의에서 만난 정승렬 도로공사 사장이 화장실 개선에 관심을 가지고 질문하더니, 고속 도로 휴게소 화장실이 개선되었다. 뒤이어 도심의 공중 화장실이 하나둘씩 변모하더니 유행처럼 전국으로 확산되었다. 철도 역사에서 시작된 공공 화장실의 변화는 대중 생활 문화의 혁명이었다. 덕수궁 석조전에 영국제 수세식 좌변기가 설치된 이후, 1980년대 초반이 돼서야 가정집에 대중적으로 보급되기 시작한 양변기가 철도 역사 화장실에 설치되었다. 고객의 반응은 즉각적이었고, 철도 역사 화장실 개선은 직원들의 자부심이 되어 고객 중심 경영 혁신은 생각보다 빨리 정착했다.
철도청이 철도 중심에서 고객 중심으로 변화하기 시작한 것이다.

대전 시대와 관광 철도

오랜 시간 서울역 뒤편 서부역에서 철도를 이끌었던 철도청이 1998년 7월, 정부 시책에 따라 대전광역시 둔산 신도시에 건설된 정부대전청사로 이주하게 됐다. 정부대전청사는 정부와 국회에 가까울 필요가 없는 국무 위원 장관이 없는 차관급 외청들만 모아놓은 청사였다.
서부역 시대를 마감하고, 철도의 대전 시대를 시작하는 첫 번째 철도청장이 되었다.
모두에게 새로운 환경으로 지방 이전에 반대하는 직원들을 달래야 했고, 지방 근무에 적응하지 못하는 직원들의 애로를 들어주어야 했다.
청장에게는 아파트가 관사로 제공되었지만 가족과 함께 이사하지 못했다. 학업 중인 자녀가 있었고, 언제 그만둘지 모르는 임명직 공무원이라 생활 터전을 대전으로 옮길 수 없었다. 어쩔 수 없이 주중에는 관사에서 지내고, 주말에는 산본 집으로 가는 일을 반복하다 보니 이건 아니다 싶었다. 24시간 전국을 달리는 기차는 사고를 예고하지 않았고, 기차 이용객이 가장 많은 주말에 수장이 본부를 비우는 것이 불편했다. 더구나 청장이 서울로 떠나면, 뒤따라서 간부들이 순서대로 대전을 떠났다. 정부는 직원들에게 아파트 청약권을 제공하며 정착을 도왔지만, 이주하고 자리잡는 데는 상당한 시간이 필요했다. 가족과 상의해서 아내가 대전으로 내려왔다.

청장이 주말에 대전에 머무르니 국장들이 쉽게 대전을 떠나지 못했고 주말에 조를 짜서 청사를 지켰다. 미안한 마음이 들었지만 기차는 사고를 예고하지 않았고, 이용객이 많은 주말에 책임자가 부재한 텅 빈 청사는 국민에게 도리가 아니었다.

고객 중심 경영의 핵심은 서비스보다 먼저 고객의 안전이었다. 철도는 쉬지 않고 전국을 달리니 24시간 사고에 노출되어 있었다. 사고는 예방하는 것이 최선이지만, 일어난 사고의 원인을 명확하게 규명하면 재발을 막을 수가 있었다. 그러나 철도 사고는 명확한 사고 규명이 어려웠다. 철도는 기관사, 철로 정비, 차량 정비, 전기 정비 등등 다양한 분야가 복합적으로 결합되어 운행되는데다 조사관과의 관계까지 얽히면 사고치는 사람과 책임지는 사람이 역학 관계에 따라 달라지는 경우가 종종 있었다. 이는 억울한 직원을 만들 뿐만 아니라 사고 재발을 방지하는 기회를 막는 것이었다.

소문 내지 않고, 책임감 있고, 실력 있고, 힘의 논리에 휘둘리지 않고, 신뢰할 수 있는 사고 조사 책임자를 물색해서 내 생각을 전했다. 내 생각에 공감한 사고 조사 책임자에게 사고 조사의 전권을 위임하고 중간 과정을 생략하고 직보하도록 조치했다. 자칫하면 동료들과의 관계가 불편해 질 수 있는 임무였지만, 사고 조사가 투명하고 명확하게 이루어지자 재발 사고가 크게 줄었다. 철도 사고로 네 명 이상 사망하면 사임하겠다는 각오를 했는데, 재임 중에 철도 사고로 인한 사망자가 발생하지 않았다. 그리고 어려운 임무를 수행한 직원에게는 차기 인사에서 혜택을 주어 보상했다.

이와 함께 노후된 디젤 기관차를 순차적으로 교체해 나가고, 레일·터널·교량 등 기반 시설을 관리하는 장비를 현대화하는 데 박차를 가했다. 또한 근무 기강 해이로 인한 안전 사고를 예방하기 위해 안전 성적 평가제를 도입하고, 사고가 많은 전국의 건널목에 전동 차단기를 설치했다.

사고는 눈에 띄게 줄었고, 강철처럼 견고했던 조직은 철도 중심에서 고객 중심으로 유연해지고 있었다.

그러나 IMF(국제통화기금) 체제로 몰아 닥친 경제 한파는 뼈를 깎는 구조 조정과 자기 변신을 요구하고, 철도청의 현실은 사만 명에 육박하는 직원들이 만성 적자에 시달리고 있었다. IMF로 급변한 경제환경은 대량 감원을 요구했지만, 그런 이유로 직원을 해고하지 않았다. 대신 퇴사자의 자리를 충원하지 않으면서 일부 노선은 민자 유치를 하고, 선로 보수 차량 정비 업무는 민간 위탁과 외주화를 시도하는 등 민간 경영 체제를 단계적으로 도입하며 직원 수를 매년 수 천명씩 줄여갔다.

문제는 만성 적자였다. 만성 적자의 원인에는 요금을 조정하는 정부의 정책적인 면도 있었지만, 그래도 철도 선진국인 프랑스, 일본, 독일의 철도 부채 비율에 비해 양호한 편으로 발전의 원동력은 충분했다. 다만 적자를 해결하기 위해 필요한 것은 경영 혁신이었다.

철도 이용률을 높이고, 수익을 창출할 수 있는 사업을 찾다 보니 전임 김인호 청장이 시도한 정동진 해돋이 관광 열차가 운행되고 있었다. 눈이 번쩍 뜨였다.

관광 산업에 한 획을 그었던 '94 한국 방문의 해'를 지휘했던 관광 국장의 경험을 살려 관광 열차의 큰 그림을 그렸다. 출퇴근은 자율로 하고, 자유롭게 출장 다닐 수 있는 우수 인력 20명을 선발해서 상품 개발팀을 만들고, 외부 전문가들로 '철도 관광 상품 개발 및 판촉 자문위원회'를 구성해서 관광 열차의 활성화를 추진했다.

IMF 외환 위기로 해외여행은 엄두도 내지 못하던 시절에 최진실, 최불암, 김혜자, 박원숙, 박상원, 차인표, 송승원 등 화려한 출연진이 가족의 소중함을 주제로 한 드라마 '그대 그리고 나'가 방영됐다. 첫 방송부터 인기를 끌더니 시청률이 60%를 넘나들며 대히트를 치자 그에 못지 않게 촬영 장소였던 강구항이 주목받았다. 경북 영덕군에 속한 강구항은 대게잡이 어선들이 집결하는 어항(漁港)이었다.

상품 개발팀을 투입해서 드라마 촬영지와 영덕대게를 연계한 관광 열차를 기획하고 홍보에 나섰다. 드라마의 주역 중의 한 분인 박원숙 씨를 섭외해서 기자들과 함께 철도청장이 강구행 관광 열차를 타고 가면서 관광지를 설명하고, 박원숙 씨와 드라마 촬영 중에 있었던 뒷얘기를 나누는 장면이 연출되자 '희망의 영일만 관광 열차'는 언론을 타고 큰 인기를 얻고, 영덕대게가 전국에 이름을 알리는 계기가 되었다.

청장이 직접 아이디어를 내고 홍보까지 나서자 관광 열차가 빠르게 활성화됐다.

성장 속도가 350%로 환상선 눈꽃 순환 열차, 무창포 모세의 기적 열차, 정동진 해돋이, 희망의 영일만, 강경젓갈, 정선 5일장 등 테마 관광 열차와 이벤트 관광 열차로 세분

화되어 40여 개 코스가 개발되고, 연간 60여만 명 이상의 고객을 유치해서 200억 대 수익을 기대하는 철도청의 효자로 자리잡았다. 보유한 기차와 선로를 이용한 관광 열차는 인건비 이외 비용이 거의 들지 않아 수익률 높은 알짜 사업이었다.

현장 중심 경영과 철도 100주년

철도청장은 본청 공무원 때와 달리 기관장 판공비(업무 추진비)가 책정되어 있었다.
기관장의 판공비는 직원 수 곱하기 얼마로 책정되니, 직원이 사만 명에 육박하는 철도청장의 판공비는 현장을 방문해서 직원들과 식사하면서 격려하기에 충분했다.

철도청은 전국에 800여 개의 역이 있었다. 이들은 청장의 사진만 봤지 얼굴은 한 번도 못 보고 퇴직하는 역무원과 기술 직원이 태반이었다. 그러니 공문으로 고객 중심 경영 혁신을 외치고, 철도 혁신 100대 과제를 내려 보내도 공감도가 낮을 수밖에 없었다.
철도청장은 전용 특별동차를 이용할 수 있었다. 대통령 전용 특별동차와는 규모와 시설에서 차이가 크지만, 사무실

칸과 회의실 칸 등 보통 3-4량을 달고 달린다. 특별동차에 시원한 막걸리와 새참거리를 챙겨서 전국의 공사 현장과 역들을 찾아 나섰다. 객실에 타지 않고 기관사 옆에 앉아 달리다 보면 철도가 보였다. 공사 현장을 지날 때는 새참을 전달하고 할 말이 많은 현장의 이야기를 들었다. 그리고 찾아간 역에서는 서먹서먹해하는 직원들에게 식사를 대접하면서 식탁 대화를 했다. 술은 고객 만족주를 만들어서 마셨다. 고객 만족이라고 인쇄된 OB맥주잔의 2/3 정도에 노란 고무줄로 표시하고, 그만큼 잔을 채워서 "고객 만족!"이라고 건배를 하는 것으로 직원들의 술잔 공격을 피했다. 그리고 역장과 노조 위원장이 따라 주는 잔을 한 잔씩 더 받으면 고객 만족주 3잔이 소주 1병쯤 되었다. 그나마 건강을 지키는 요령이었다.

숙소는 특별한 사정이 없는 한 비서실을 통해 인근 사찰을 이용해서 호텔로 찾아오는 번거로움을 사전에 차단했다. 이런 행보를 취재한 문화일보 기자는 철도청장이 고객 중심 마인드를 설득하기 위해 전국 6백32개 역을 두 번씩이나 돌아다녔다고 보도했다. (문화일보 1999년 07일 30일 자)

기차가 지나가지 않는 시골에서 태어나 대학 입시를 보기 위해 상경하면서 처음 기차를 탔는데, 원 없이 기차를 타고 직원들을 찾아 나섰다. 그러나 100년 동안 강철로 만든 레일 위에 철로 만든 바퀴를 굴려온 조직원들에게 친절은 익숙하지 않은 단어였다.

친절하고 싶어도 어떻게 해야 친절인지 어색한 직원들에게 민간 서비스 교육 전문 기관에 의뢰해서 위탁 교육을 하고, 4급 이상 관리자들과는 무엇이 진정한 서비스인지 토론하면서 프로 서비스 직원을 만들어 갔다.

그러나 내부 직원의 만족 없이는 외부 고객을 만족시킬 수 없었다.

청장과의 대화방을 신설하고, 철마 게시판 토론 광장 등을 통해 후생 복지, 현장 중심 조직 체계 구축, 깨끗하고 투명한 인사, 능력 개발을 위한 교육 프로그램, 공정한 평가, 보상 체제 등에 대해 토론하면서 해결해 나갔다. 그와 동시에 고객의 목소리 중에서 채택된 100대 과제 중에서 순위를 정해 하나둘씩 실천해 나갔다.

고객의 반응은 즉각적이었다. 역사 화장실 개선은 직원들의 자부심이 되었고, 고객 중심 경영 혁신은 생각보다 빨리 철도청을 철도 중심에서 고객 중심으로 변화시켰다. 고객 중심 경영으로 철도 이용객의 만족도가 높아지자 철도청의 변화에 한국능률협회가 주목했다.

공기업으로서는 최초로 한국능률협회의 고객 만족 경영 대상 시상에서 경영 정책, 고객 만족 경영 전략, 신상품 개발 등 10개 심사 항목에서 높은 점수를 받아 유수의 민간 기업을 제치고 최우수상을 수상했다. 그리고 개인적으로는 고객 만족 경영 최고 경영자상을 수상하는 영광을 안았다. 뿐만 아니라 98년 행정 서비스에 대한 국민 만족도 조사에서 철도청이 우수 기관으로 선정되고, 99년 상반기 정부 업무 평가에서 1위를 차지했다.

평소 민간 기업보다 경쟁력 있는 국영 기업이 되어야 한다는 소신이 평가를 받았고, 개인적으로는 큰 영광이었다. 최고 경영자상을 수상하자 인터뷰와 강연이 쇄도하고 유명세를 탔다.

인터뷰 기사에는 공무원이라기보다는 변화를 추구하고 발전과 혁신을 지향하는 기업인 같다는 평가가 있었지만, 자부심과 사명감이 넘치고 달변에다 확고한 신념을 갖춘 천성적인 공무원이라고 평가한 언론도 있었다. 하지만 나는 공직자로서 사심과 사욕을 부리지 않고 공익의 기본에 충실했을 뿐이었다.

인터뷰 중에는 상하 관계에 긴장하고 승진과 전보에 매달리는 공무원 조직에서 언제 경영을 배우고 생각했냐는 질문이 있었다. 스스로 답을 정리해 보니 철도청장에 취임해서도 경영 전문 서적을 손에서 놓지 않고 정독하고 있었다.

철도청장으로 한국 철도 100주년을 기념하는 영광을 얻었다.

19세기 말, 서울로 들어오는 많은 외래 문물이 1883년에 개항한 제물포(濟物浦)로 들어오면서 제물포에서 서울까지 안전한 운송 수단이 필요했다. 미국 자본으로 착공된 한국 최초의 철도는 우여곡절 끝에 일본 회사로 넘어가고, 한강 철교가 개통되기 전이라 1899년 9월 18일 노량진에서 제물포까지 33.2km 구간의 경인선을 개통했다.

인천에서 서울까지 도보로 12시간이 걸리던 길을 '모갈 1호 증기 기관차'가 평균 속도 20km로 달려 1시간 30분대로 단축하자 서울과 인천은 일일 생활권이 되었다.

이렇게 시작된 한국 철도는 오랫동안 대표적인 교통 수단으로 국민의 사랑을 받다가 고속 도로와 항공의 발달로 주춤하긴 했지만, 한국 철도 100년을 기점으로 교통 체증으로부터 자유로운 철도 교통, 고효율 친환경 국민 교통으로 위상을 회복해 가고 있었다.

한편에서는 시속 300km의 고속 철도를 건설하고 있고, 또 다른 한편에서는 경영 혁신으로 철도 중심이 고객 중심으로 탈바꿈하면서 21세기 철도 시대를 준비하고 있었다.

한국 철도 100주년을 기념해서 서울역 광장에 신현중 작가의 '새로운 세기의 철도'라는 제목으로 엠블럼과 동판을 설치했다. 동판의 마지막 구절은 "이 작품은 고객 중심 경영을 이루고자 하는 전 철도인의 뜻을 담아 제작했습니다."라고 쓰고 고객 중심 경영이 지속되기를 바라는 마음으로 21대 철도청장 정종환 대신 무명(無名)으로 끝을 맺었다.

유명세와 망신

철도청과의 인연은 행운이었다. 중심부에서 밀려나나 싶었는데 정권이 교체되고, 새 정부가 출범하면서 철도청장에 발탁되었다. 혁신은 반대를 수반하는데, 철도청 간부와 직원들은 기꺼이 경영 혁신에 동참해 주었다. 그 덕에 열정적으로 일하고, 단기간에 성과를 거둔 성취의 황금기였다.

공기업 최초로 최고 경영자상을 수상하자 외청장으로는 드물게 인터뷰와 강연 요청이 쇄도했다. 그중에 다큐멘터리 교양 프로그램으로 인기가 있던 MBC '성공 시대'에서 출연 섭외가 왔다.

주로 어려움을 극복하고 성공한 사람들이 출연하는 프로로 첫 회는 현대그룹 창업주 정주영 명예 회장 편이었고, 한 주 후에는 구자경 LG그룹 회장 편을 방영하면서 시작된 프로그램이었다. 각 분야에서 업적을 이룬 분들이 출연했는데, 공직자 출신으로는 초등학교를 졸업한 학력으로 검정고시를 거쳐 서울대 교수를 지낸 이명헌 교육부 장관과 행정의 달인이라고 불리는 고건 전 국무총리, 그리고 체신부와 교통부 장관을 역임하고 한국정보통신 인프라 설계의 주역인 오명 동아일보 사장이 출연했었다.

기관장으로서는 첫 출연자였다. 대전과 서울을 오가며 촬영을 무사히 마치고 방영을 기다리고 있는데 난감한 일이 발생했다.
'철도 노조 전면적 직선제 쟁취를 위한 공동투쟁본부'(공투본)라는 긴 이름의 단체에서 방영 취소 투쟁을 선포하고 실행에 들어갔다. MBC 교양제작국에서는 정 청장을 대국민 철도 서비스에 노력한 혁신적인 인물로 평가했기에 제작을 결정했고, 공투본의 입장은 이해하나 공투본의 주장에서 명백하게 드러난 것이 없다고 반박했으나 막무가내였다. 공투본은 집회 투쟁과 함께 성공 시대 인터넷 사이트에 규탄하는 글을 끊임없이 올리며 방영 취소 투쟁을 지속했다.
MBC는 내부의 신중론을 받아들여 방영 3일 전에 방영을 잠시 보류하기로 결정했다.
어이없는 일이 벌어진 배경에는 철도 노조의 내부 갈등이

짐작되었다. 철도 노조는 한국노총 소속으로 단일 노조를 유지하고 있었는데, IMF를 겪으면서 민주노총 가입과 복수 노조를 주장하는 세력이 힘을 얻어가고 있었다. 그러나 나는 철도청과 노동조합을 위해 단일 노조를 지지하는 입장이었다.

근거 없는 허망한 주장이야 곧 사라지겠지만, 이런 일에 휩싸일 만큼 허술하게 공직 생활을 하지 않았다. 공직은 내편이 아니면 상대편일 거라고 판단해서 모함과 탄원을 서슴지 않는 사람들로 인해 지뢰밭을 걷는 것과 같았다. 그래서 조심하고 또 조심했다.

과장 시절에는 나도 모르게 찔러 들어오는 돈봉투를 방어하기 위해 양복 호주머니를 꿰매고 출근했고, 나만의 비법으로 뇌물의 유혹을 물리쳐 왔다. 사적인 만남은 가급적 피했지만, 직급이 올라가고 권한이 커지면서 업무와 관련 있는 CEO들과 거절할 수 없는 지인들의 소개로 찾아오는 분들이 있었다. 그들 중에는 빈손으로 오지 않고 방문을 마치면 어색한 표정으로 무언가를 내밀고 가는 분들이 있었다. 처신하기 곤란한 순간으로 상대가 무안하지 않게 일단 받고 나서, 배웅이 끝나면 곧바로 육필로 편지를 썼다.

'생각해 주셔서 고맙지만 마음만 받겠습니다. 공직자로 저의 소신이니 오해하지 마시고 좋은 관계가 이어지기를 희

망합니다.'

이런 내용으로 손 편지를 써서 다음날 아침에 책 한 권과 함께 비서를 통해 돌려보냈다.

어차피 연관된 분야의 기업에서 일하는 분들이라 함께 일할 기회가 있기 마련인데, 다시 만날 때는 내 뜻을 존중하고 서로 웃으며 빈손으로 만났다. 이런 일이 지속되자 업무로 나를 찾아 오는 분들은 빈손이었다.

호사다마(好事多魔)라고 했던가? 고객 만족 경영 최고 경영자상을 수상하고 각종 언론에서 인터뷰하고, 정부 기관, 기업, 지자체 등 다양한 분야로 초청 강연을 다니다 보니 어느 정도 이름이 알려졌는데, 방영 보류로 인해 알려진 만큼 망신을 당했다. 그런다고 직원들을 상대로 고소·고발을 하자니 우습고, 개인적인 일이니 스스로 나서서 수습하기도 어색해서 일상으로 돌아왔다. 그런데 간부들이 나섰는지 모르겠지만, 며칠 지나지 않아 흐지부지 아무 일도 없었다는 듯이 해결되었다.

어이없고 화도 났지만 어쩌겠는가? 방송을 포기했다.

그런데 전후 사정을 확인한 MBC 측에서 7월 2일 일요일 저녁 10시 30분에 '고객이 만족할 때까지, 철도청장 정종환' 편을 126회차로 방송했다. 방영 보류라는 초유의 사태로 유명세를 치렀던 터라 대중의 관심 속에 시청률이 평균보다 높았다고 했다.

방송이 나가자 직원들은 물론 지인들과 주변의 반응이 좋아서 방송이 보류되었던 일은 빠르게 잊혀지고, 방송 내용에 공감하는 사람들이 늘어났다. 그중에는 대통령 전용 특별동차를 자주 이용하는 김대중 대통령께서 방송 잘 봤다고 하면서 관심을 보이셨다.

대전살이와 인재 발굴

바쁜 일정 속에서 대전살이가 익숙해졌다. 관사가 제공되고, 업무 추진비가 책정되어 있으니 처음으로 공무원 박봉에서 용돈을 떼지 않아도 됐다. 내 기억으로는 이때부터 자신을 위해서 돈 한 푼 쓰는 걸 아까워하는 아내가 일반미로 밥을 지었고, 아내의 마음에 여유가 생기는 것 같았다.

아내는 시간이 날 때면 형님 내외분과 고향에서 살고 계시는 어머니를 찾아 뵙고, 식사 대접을 하는 등 못다한 아쉬움을 달래고 있었다. 그러나 팔순을 넘긴 어머니는 특별한 지병은 없지만 기력이 쇠하고 있었다. 하루는 고향에 다녀온 아내가 진지하게 어머님을 대전으로 모시자고 하더니 앞장서서 어머님을 대전으로 모셔왔다.

대전 생활은 시골보다 안락한 환경이었고, 잘 모시려고 노력했지만 오래는 함께 하지 못했다. 1년여를 함께 지내시다 기력을 다하시고 83세를 일기로 소천하셨다.

우리 부부는 카이스트(KAIST) 인근 한빛아파트 관사에서 살면서 단지 안에 있는 한빛교회에 출석했다. 윗집에는 한국지질자원연구원 수석 연구원으로 근무하는 한빛교회 장로님이 살고 있었는데, 인연이었는지 장로님 딸과 한국항공우주산업(KAI)에 다니던 진욱이가 결혼하는 경사가 생겼다. 두 살 위 형보다 먼저 결혼해서 개혼이었다.
청첩장을 만들지 않았다. 고위 공직자로서 청첩장을 보내는 게 불편해서 직원들에게 알리지 않고 조용히 아들의 결혼식을 치렀다. 이렇게까지 해야 하냐는 뒷말을 들었지만 직원들에게 부담 주고 싶지 않았고 공직자로서 초심을 지키고 싶었다. 이런 결정을 할 때는 아내의 동의가 필요한데 아내는 늘 나의 의견을 존중하고 지지해 줬다.

고교 동기 동창으로 만난 아내는 공부 잘하는 학생이었다. 그러나 선택과 집중을 해야 했던 시절에 수재였던 오빠에게 밀려 대학 진학을 포기하고 공무원 시험에 합격해서 고향 인근을 순회하며 근무했다. 학구열이 남다른 아내는 내가 권하는 책을 소화하고, 토론을 즐길 뿐 아니라 성경을 통독하고 성경 이야기를 전하는 데 재능이 있었다.

내가 초신자일 때는 목사님의 설교를 듣는 것보다 아내가 해석해 주는 설교가 더 은혜로웠다. 그런 아내가 아이들이 대학을 졸업하고 남편이 관리관으로 승진하자 방송통신대학에 입학했다. 못 다한 공부를 하겠다고 열심히 하더니 성적 장학금을 받아가며 4년 만에 졸업했다.
온 가족의 축하 속에 만학의 기쁨을 누린 아내는 기회가 되면 석·박사 과정까지 공부하겠다고 의지를 다졌다.

대전살이가 3년쯤되자 청장 방에 정독했던 경영 전문 서적과 철도 관련 서적이 700여 권 쌓였다. 한국 철도 100년의 묵은 때를 벗기고, 미래 100년을 설계하며, 고속 철도 시대를 준비하려고 열심히 공부했다. 공부하지 않고는 새로운 일을 추진할 수 없었다.
그러나 혁신은 책이 하는 게 아니라 직원들이 해야 했다. 인사권자로서 사만 명에 육박하는 직원들을 사심 없이 공정하고 투명하게 능력 위주로 인물을 활용하고 발탁하는 것은 중요한 책무였다. 전국의 역을 두 번 이상 돌며 악수 한 번 안 한 직원이 없으니 모두가 지인인 셈이니 스펙, 학연, 지연 등과 무관하게 인성과 능력 위주로 인재를 발굴했다.
그런데 들리는 소문으로 철도청은 승진하는 사람이 인사권자에게 상납하는 관행이 있다고 했다. 설마 했는데 승진시킨 한 간부가 돈봉투를 가지고 찾아왔다.

"이거 뭐요?"

"승진에 감사해서 드리는 작은 성의입니다."

관행임을 강조하며 돈봉투를 내밀었다.

"허허, 내가 이걸로 뭘 하겠습니까? 당신을 승진시킨 건 그 동안 일을 잘했고, 앞으로 더 잘하라고 시켰으니 이런 일로 신경 쓰지 말고 일로 보답해 주세요."

상대가 무안하지 않게 이런저런 얘기를 나누고 돌려보냈다.

그 뒤로도 상납의 관행을 제지했다. 그러자 청장은 상납보다 일로 보답을 원한다는 소문이 나고 상납의 관행은 빠르게 사라졌다.

혁신은 말로 하는 게 아니라 악순환의 고리를 끊어야 가능했다.

철도청에는 화려한 이력보다 일 잘하는 유능한 직원들이 많았다. 우선 철도고등학교 출신들의 실력이 탄탄했다. 국립 세무, 체신, 철도고등학교는 학비와 기숙사비가 무료일 뿐만 아니라 군대가 면제되고 취업이 보장되는 학교로 우수하고 성실한 인재들이 많았다. 그리고 대학 진학에도 혜택이 있으니 철도청에 우수한 간부들을 많이 배출했다. 청장이 이들의 실력과 성실성을 존중하자 직원들의 사기가 올라갔다. 유능한 직원들 중에서도 선로 보수와 시설을 담당하는 신광순 과장이 특별히 눈에 띄었다. 경기도 평택 출신으로 국방부 9급 공무원으로 공직을 시작해서 토목직 5급으로 철도청으로 옮겨와서 4급 과장으로 근무하고 있었다. 함께 일해 보니 책임감이 남다르고 뚝심 있게 업무를 추진해서 3급 국장으로 발탁했다. 국장으로 발탁되자 날개를 달았다. 승승장구하더니 훗날 마지막 철도청장과 초대 한국철도공사 사장을 지낸 입지전적인 인물이 되었다.

철도 민영화와 호남 고속 철도

철도 경영을 하면서 어떻게 하면 철도 산업이 효율적으로 발전할 수 있을까를 연구하다 보니 민영화가 불가피하다는 결론에 도달했다. 5년마다 바뀌는 정부 방침에 따라 부침을 겪고 있는 철도 정책이 일관성을 유지하려면 철도청을 매각 방식이 아니라 POSCO나 KT 같이 주식 공개 방법으로 민영화해야 경영 혁신을 할 수 있다고 생각했다.

철도 민영화에 대한 마스터플랜을 세우기 위해 우리보다 앞서 민영화한 일본 철도를 벤치마킹하려고 일본 철도를 방문했다. 그런데 우리를 대하는 분위기가 얼음처럼 냉랭했다. 그도 그럴 것이 한국 고속 철도가 신칸센이 아니라 프랑스 TGV를 선택했다. 세계 최초 고속 철도라는 자부심과 동력과 제동이 우수한 동력 분산식을 사용하는 신칸센이 채택되지 않은 것에 대한 불만과 실망감이었다. 그러나 우리 정부는 기술 이전에 소극적이고 상대적으로 가격이 비싼 신칸센보다 기술 이전에 적극적인 프랑스 TGV를 선택했다.

일본 철도(JR) 관계자들은 서운한 감정을 숨기지 않고 하나같이 냉랭했다. 그러나 민영화된 6개 여객 철도 회사 중에서 친분이 있는 구주여객철도회사(JR구주)에서 일본의 전철을 밟지 말라고 조언을 했다. 일본 철도는 국영에서 공사를 거쳐 민영화됐는데, 공사 시절이 국영 때보다 더 어려웠다고 하면서 철도를 제대로 운영하려면 자신들이 겪은 공사 과정을 거치지 말고 민영화를 하라고 조언했다. 일본 철도가 공사로 전환됐을 때 구조 개혁의 고통을 감내하고 혁신했어야 했는데, 모럴 해저드(moral hazard) 때문에 국영 때보다도 부채는 늘어나고, 서비스 질은 떨어졌다고 하면서 고개를 절래절래 흔들었다.

국영 기업이 공기업으로 전환되면 비즈니스 마인드는 국영 기업 그대로이고, 그나마 있던 애국심마저 사라지게 된다고 했다.

사명감을 가지고 철도 민영화 방안을 상부에 올렸지만 민영화는 철도청장이 주도할 수 있는 업무가 아니었다. 김대중 정부는 철도청에서 제시한 철도 민영화 방안을 긍정적으로 판단하고 검토에 들어갔다. 내친 김에 청와대에서 파

경부선 고속 철도와 호남선 고속 철도의 동시 개통을 건의했다.
서울-대전 구간은 공동으로 사용하고,
경부선이 대전-대구 구간을 공사하는 동안에
호남선 대전-목포 구간을 복선 전철화하면
동시에 고속 철도를 개통할 수 있다고 설득했다.

견 근무를 하고 있던 정창수 비서관(훗날 국토해양부 차관을 역임함)을 통해 이기호 경제 수석을 만나 경부선 고속 철도와 호남선 고속 철도의 동시 개통을 건의했다. 경부선 고속 철도 공사가 지연되고 있고, 사업이 1단계와 2단계로 나뉘어 1차 개통 구간이 서울-대전-대구로 축소되었으니, 1조 원을 추가로 투입하면 경부선 1단계 개통 시기에 맞추어 호남선을 동시에 개통할 수 있다고 제안했다.

"그게 가능하겠습니까?"

경제 수석은 고개를 갸우뚱하면서도 관심을 보였다.

"충분히 가능합니다."

단호하게 대답했다. 서울-대전 구간은 공동으로 사용하고, 경부선이 대전-대구 구간을 공사하는 동안에 호남선 대전-목포 구간을 복선 전철화하면 동시에 고속 철도를 개통할 수 있다고 설득했다.

"1조 원이면 가능하겠습니까?"

호남 정권으로서는 솔깃한 정무적 제안이었고, 철도청장으로서는 호남선 고객을 위한 선물이었다. 이기호 경제 수석은 1조 원이면 가능하겠냐고 재차 확인하더니 당장 대통령에게 보고드리겠다고 서둘렀다. 얼마 후, 경제 수석으로부터 대통령께서 크게 칭찬하셨다고 하면서 감사하다는 연락이 왔다.

이 일은 즉시 실행에 옮겨졌고, 훗날 경부 고속 철도 1단계 개통보다 한달 먼저 호남선 복선 전철화가 완공되고, 경부선보다 앞서 호남선 고속 철도가 개통되었다. 그러나 고속 철도를 개통한 노무현 정부는 김대중 정부와 달리 호남선보다 경부선 개통에 이목을 집중시켰다.

철도청은 고객 만족 경영으로 고객으로부터 칭찬을 듣고 있었다. 고객 만족도는 60점대에서 70점대로 향상되었고, 철도 회원 수는 32만 명에서 125만 명으로 증가했지만 고객 만족은 서비스만으로는 부족했다. 고객 만족이 제도적으로 자리잡으려면 경영 합리화와 함께 서비스가 지속적으로 업그레이드되고 프로세스가 개선되어야 했다.
한마디로 파격적인 경영 혁신이 필요해서 공기업 최초로 6시그마(six sigma)경영을 도입했다.
6시그마는 1980년대 초, 세계 최초로 휴대 전화를 개발하고 상용화한 미국의 통신기기 업체 모토로라(Motorola)사가 불량률을 줄이고 품질을 개선하겠다는 목표로 탄생한 방법이었다. 시그마는 통계학의 표준 편차를 의미하는 것으로 6시그마는 제품 100만 개당(ppm) 2개, 0.002개 이하의 결함과 3.4개 이하의 불량률을 목표로 무결점 수준의 품질을 추구했다.
이렇게 시작된 6시그마는 20여 년 이상 지속적으로 발전해서, 고객 만족 경영, 지식 경영, 통계적 품질 관리, 현장의 무결함 운동 등 기존의 경영 혁신 방법들을 통합한 6시그마 경영으로 정착됐다.

그러나 6시그마 경영을 한국에서 가장 오래된 관료 조직에 접목시키는 일은 쉽지 않았다. 4급 이상 간부들과 한 달에 두 번 경영 개선과 고객 만족을 위한 경영 토론회를 열었다. 이슈를 선정하고 전문가를 초청해서 무제한 토론하는 모임이었다. 처음에는 토론 문화에 익숙하지 않은 직원들이 어려워했지만 시간이 지날수록 적극적인 참여로 경영 혁신에 소득이 생기기 시작했다. 2-3시그마 단계로 진단되었던 철도청 조직이 3-4시그마 단계로 상향되어 철도 혁신에 희망이 보이기 시작했다.

한광옥 대통령 비서실장에게서 전화가 왔다.
"그동안 수고 많으셨습니다."
"고맙습니다. 3년 1개월 동안 신나게 일했습니다."
2001년 3월, 6시그마 경영을 정착시키지 못한 아쉬움을 남기고, 공무원 신분으로 임기가 정해지지 않는 역대 철도청장 중에서 두 번째로 길었던 직임을 신나게 수행하고 물러났다.

공직자
CEO

다음 보직이 없는 퇴직

꿈의 제주도

사라진 고속 철도건설공단

다음 보직이 없는 퇴직

대전 관사를 정리하고 서울로 돌아왔다. 공직을 시작한 이후 다음 보직이 정해지지 않은 첫 번째 퇴직이었다. 언론에서는 장관 후보로 거론하기도 했지만, 현실은 53세에 퇴직한 공직자로 30년 만에 휴식이었다.

너무 이른 퇴직이라 다음 행보를 고심해야 하지만 일단 푹 쉬기로 했다.
철도대학과 한남대 지역개발대학원 초빙 교수로 강의하면서 책을 읽고 공부하며 여유롭게 지내고 있는데, 심대평 충남지사에게서 충남발전연구원 운영을 맡아달라는 연락이 왔다. 내부 갈등으로 원장이 사임하고 조직원들이 갈등하고 있는 충남발전연구원을 도민 중심의 정책 개발 연구기관으로 회복시키고, 연구원들과 함께 21세기 중부권과 서해안 시대에 걸맞은 충남 개발의 밑그림을 그린다는 것이 쉬워 보이지 않았다. 그러나 고향이 속해 있는 지역민들에게 봉사할 수 있는 기회라고 생각하고 고민 끝에 원장을 맡기로 했다.

2001년 10월 26일, 심대평 지사로부터 임명장을 받고, 계룡 시청 건물 2층을 임대해서 사용하고 있는 충남발전연구원으로 출근을 시작했다.

남편의 열정과 능력을 높게 평가하는 아내는 남편이 중앙정부에서 멀어지는 것을 아쉬워했다. 가장 가까이에서 나를 지켜본 아내로부터 공직자로서의 삶을 인정받은 것 같아서 좋았지만 당장은 주어진 임무에 최선을 다했다. 그렇게 충남발전연구원장으로 일한 지 반년이 지나갈 무렵에 아내의 안타까움이 영향을 미쳤는지, 간절한 기도의 응답이었는지 건설교통부로부터 새로 출범하는 제주국제자유도시개발센터(JDC) 이사장 직을 제안받았다.

꿈의 제주도

김대중 정부는 제주도를 국제적인 관광 휴양 도시, 첨단 지식 산업 도시 등의 복합적인 기능을 갖춘 국제 자유 도시로 육성, 발전시키겠다는 목표를 세우고 제주국제자유도시특별법(2001. 1. 26. 공포, 2002. 4. 1. 발효)을 제정하고, 이를 시행하기 위해 총리실 산하에 TF팀을 가동하고, 건설교통부를 주무 부서로 계획을 실행할 제주국제자유도시개발센터(JDC) 설립을 추진하고 있었다.

건교부 내에서 규모가 작은 신설 기관으로 제주 도지사와 갈등이 예견된 어려운 여건인데다가 총리실에서 큰 그림을 다 그려 놓은 상태라서 소위 군번에 맞지 않는 자리였다.

그러나 거듭된 권유를 받고 취임하기 전에 제주도를 둘러봤다.

관광 국장 시절을 추억하며 제주도를 돌아보니 제주도

는 꿈의 섬으로, 프랑스 랑그독-루시옹 관광 벨트의 성공 사례가 떠올랐다. 1963년 드골 정부에서 랑그독-루시옹(Languedoc Roussillon) 개발 본부를 설립하고, 개발 본부에 많은 권한을 부여하는 특별법을 만들어 30년간 정권이 바뀌어도 지속적으로 지원해 온 결과 모기가 득실거리던 늪 지대를 한철 관광객을 상대하는 관광지가 아니라 지속성장이 가능한 휴양 도시로 개발해서 연간 1,000만 명의 관광객이 방문하고, 49억 유로(6조 7천억 원)를 벌어들이는 세계적인 휴양 도시로 만들었다.

이를 모델로 삼아 제주도를 세계적인 관광 및 휴양섬으로 개발하는 꿈을 꾸었다.

총리실에서 만들어 놓은 제주 개발 7대 프로젝트와 내국인 면세점 계획서를 검토하고 제주도를 방문했다. 특별히 국내 최초로 시행하는 내국인 면세점은 제주국제자유도시개발센터(JDC)의 수입원으로 취임하면 빠르게 추진해야 하는 중요한 프로젝트였다. 총리실에서도 관심을 가지고 내국인 면세점의 인허가는 물론 장소까지 물색하고 건물 매입을 추진하고 있는 중이라고 해서 총리실에서 매입을 생각하고 있다는 건물을 찾아갔다.

아파트 단지와 인접해서 민원이 걱정되는 장소였다. 문 닫은 백화점 건물이라고 알고 찾아갔는데 유리창에 이안사 노권투도장이라고 썼던 흔적이 남아 있는 오래된 건물이었다. 위치로 보나 건물로 보나 내국인 면세점을 하기에는 적합하지 않아 걱정되었다.

제주도를 둘러보다가 제주에 살고 있는 대학 동창을 우연히 만났다. 대학 때 운동 특기생이었는데 신탁은행 제주지점에서 일한다고 했다. 오랜만에 만나 이런저런 얘기를 나누다가 은행에서 저당 잡은 건물의 매각을 위탁했는데, 위탁자가 속 썩인다는 얘기를 했다. 혹시나 해서 이것저것을 확인하니 오늘 다녀왔던 백화점 건물이었다. 조심스럽게 매각 금액을 물었더니 총리실에서 알려준 매입 예상 금액의 절반 수준이었다. 큰 문제였다.
그러나 총리실의 내부 사정을 모르니 내용을 확인할 때까지 마음에 담아 두었다.
또 항공 정책 과장 때부터 인연이 있는 성시철 지사장이 한국공항공사 제주 지사장으로 근무하고 있었다. 병무청장을 지낸 김재명 장관의 비서관으로 병무청에서 교통부로 옮겨왔다가 국제공항관리공단이 출범할 때 자리를 옮겼는데 제주 지사장으로 근무하고 있었다.
성 지사장의 안내로 제주공항을 둘러보니 공항 청사에 빈 공간이 많았다.
장사는 목이고, 목은 돈이라는 말이 있는데 제주공항 청사야말로 내국인 면세점을 하기에 최적의 장소였다. 더구나 공항 측에서 개찰 시간을 한 시간만 앞당겨서 쇼핑하는 여유를 만들어 준다면 금상첨화(錦上添花)였다. 성시철 지사장과 상의했더니 공항공사에게도 이익이 되는 제안이라고 좋아했다.

2002년 5월 15일, 제주국제자유도시개발센터(JDC) 초대 이사장에 취임했다.
취임과 동시에 문화관광연구원 연구 실장 출신으로 경기도 관광진흥 본부장을 지낸 이광희 본부장(훗날 7대 JDC이사장 역임)을 개발 본부장으로 영입하고, 조직을 갖추어나가면서 제주도에 관한 꿈을 설계했다.
백화점 건물 매입이 어디까지 진행됐는지 총리실 담당자에게 조심스럽게 정보를 전달했다. 정보를 들은 담당자는 백화점 건물 매입 계획을 취소하고, 제주공항 내에 내국인 면세점을 추진하는 계획에 동의했다. JDC의 지속적이고 확실한 수입원을 확보하기 위해 제주국제공항 안에 국내 1호 내국인 면세점 개점을 속도 있게 추진했다.
먼저 성시철 지사장의 소개로 애경그룹에서 면세점을 런칭하고 운영했던 간부를 만나 면세점 사업에 대해서 공부했다. 판매할 면세 품목을 선정하고, 컴퓨터에 면세 시스템을 구축하는 일이 핵심이었다. 면세로 판매할 품목을 결정하는 과정에서 민원이 있었지만 상식 선에서 해결했다.

면세 시스템 구축은 철도청에서 컴퓨터 시스템을 총괄했던 간부가 쉬고 있다는 소식을 듣고 면세 시스템을 구축하는 책임자로 불렀다. 책임감이 남달라서 독일 병정이라 불렸던 철도청 출신 컴퓨터 전문가가 합류한 것은 JDC의 행운이었다.

SK CNC를 면세 시스템을 구축하는 기술 파트너로 선정하고, 크리스마스 시즌에 맞춰 개장하자고 독려했다. 불가능한 일정이라고 반발했지만, 왜 크리스마스 시즌에 개장해야 하는지를 설득하자 책임자가 밤을 새워서라도 해 보겠다는 열의를 보여 믿고 광고를 시작했다.
모두의 노력으로 크리스마스 시즌에 개장하는 데 성공했다. 언론의 호응은 매출로 이어졌고, JDC 내국인 면세점은 개장 첫해 예상의 10배에 달하는 매출을 올리며 성공했다.
이 모든 과정이 우연이라고 하기에는 설명이 부족했다. 성시철 지사장, 신탁은행 제주 지점의 대학 동창, 철도청 간부의 퇴직, 애경 면세점 경영자까지 모두 은혜였다.

JDC는 든든한 수입원을 확보했고, 제주도의 미래를 설계하며 하나씩 추진해 가는 재미와 기쁨이 있었다. 이런 나를 보고 누군가는 공무원 세계에서 보기 드문 '꿈꾸는 공무원'이라고 했다.

프랑스 랑그독-루시옹 개발의 성공 요인 중의 하나는 정권이 몇 번씩 교체되어도 책임자가 바뀌지 않는 CEO의 지속성이었다. 나도 가능하면 오랫동안 JDC의 CEO를 하면서 제주도를 세계적인 관광과 휴양섬으로 변모시켜 제주 개발을 완성하고 싶었다. 딱 한 가지 문제는 혜택의 당사자로 제주도민을 대표하는 지사와의 갈등이었다. 여자의 적은 여자라고 하더니, 제주도를 개발하는 방법이 다른 게 아니라 공직의 목적이 다르니 같은 공직자로서 회의감마저 들었다. 그래도 설득하고 극복하면서 제주도의 꿈을 만들어갔다.

제주섬의 꿈을 꾸고 있던 2003년 2월, 노무현 정부가 탄생했다.

새로운 정부가 시작되고 두 달쯤 지난 4월에 긴급한 연락을 받았다. 경부 고속 철도를 개통하겠다고 정한 날이 채 1년도 남지 않았는데, 고속 철도 건설을 책임지고 있는 고속철도건설공단의 분위기가 심상치 않다는 것이다. 철도청과의 갈등이 심화되었고, 이사장이 갑작스럽게 사임하는 등 문제가 많으니, 철도를 잘 아는 사람이 고속철도건설공단 이사장으로 가서 차질 없이 경부 고속 철도를 개통시켜 달라는 주문이었다. 철도에 유능한 사람이 없는 것도 아니고 제안을 거절하고 싶었다. 더구나 JDC는 신설 기관으로 근무 여건을 현실화해서 고속철도건설공단과는 근무 여건과 임금의 격차가 커서 CEO 연봉 차이는 거의 두 배에 가까웠다. 그러나 국가가 나를 필요로 한다고 하니 고민되어 아내에게 전후 사정을 얘기했더니 아내가 한마디 했다.

"당신이 언제 월급 보고 나랏일 했습니까? 정부에서 필요하다고 부르면 응하는 게 좋겠습니다."

맞는 얘기였다.

아내의 한마디에 정신 차리고 정부 제안에 따르기로 했지만, 발령을 한 주만 늦추면 1년치 퇴직금은 받을 수 있겠다 싶었다. 그런데 얼마나 다급했는지 제안을 수락하자 당일로 발령을 냈다. 그 덕에 일 년에서 7일이 부족해서 퇴직금을 받지 못했고, 제주섬의 꿈을 함께 꾸었던 JDC 직원들에게 미안한 마음을 가지고 난마처럼 얽혀 있는 철도산업의 구조 개혁 속으로 들어갔다.

사라진 고속철도건설공단

노무현 정부에서 임명장을 받고 2003년 5월 7일 아침, 서울역 앞에 있는 고속철도건설공단 사무실로 출근했다. 입구에는 출근 저지 팻말을 든 노조원들이 가로막고 있었다. 해결 방안을 내놓으라는 요구였다. 당장 답을 주지 않으면 못 들어간다는 시위대에게 길거리에서 무슨 답을 찾을 수 있겠느냐고 항변하고, 일주일 안에 해결 방안을 제시하겠다고 설득해서 사무실로 들어갔다.

고속철도건설공단(이하 건설공단)의 현안은 고속 철도 완공일이 다가올수록 실직의 불안감이 커진다는 것이었다. 건설공단에서 고속 철도를 완공하면 철도청에서 운영하기로 되어 있으니, 인수받는 회사와 넘겨줘야 하는 회사 사이의 갈등이었다. 더구나 철도청 직원들은 공무원 신분이고, 건설공단 직원들은 준공무원 신분으로 불안감이 더했다.

이 둘 사이의 양보할 수 없는 문제를 정리해야 예정대로 고속 철도를 개통할 수 있었다.

첫 출근길에 노조에게 약속한 시간 안에 철도 인프라 관리와 철도 운행 관리를 각각 별도의 기관에서 맡아 운영하는 상하 분리형 철도 구조 개혁안을 제시했다.

철도 100년간 상하 통합으로 건설, 유지-보수, 운영을 도맡아 하던 철도청을 해산해서 철도를 운행하는 철도공사와 철도를 건설하는 철도시설공단으로 개편하는 안이었다.

철도 산업의 상하 분리는 철도 100년의 숙원이었다. 그러나 혁명적인 구조 개혁으로 당사자들의 이해가 얽혀 어느 정부에서도 추진하지 못했는데, 고속 철도의 등장으로 실현할 기회가 생긴 것이다.

이를 실행하기 위해서는 1. 철도구조개혁기본법, 2. 철도시설공단법, 3. 철도공사법 등 3개의 법안을 국회에서 통과시켜야 했다.

한 가지 법안을 국회에서 통과하는 것도 어려운데 3가지 법안을 동시에 통과시키겠다고 하니, 건교부는 물론 모두가 불가능하다고 걱정했다. 그래서 6월 국회에서 1. 철도구조개혁기본법과 2. 철도시설공단법을 먼저 통과시키고,

9월 정기 국회에서 3. 철도공사법을 통과시키는 전략을 세웠다.

국회 전문 위원은 3개의 법안을 동시에 상정해야 효과가 있다는 의견이었지만 설득하고, 기획 관리 실장 시절 국회 의원을 상대했던 경험을 살려서 여야 국회 의원들을 맨투맨으로 설득해 나갔다. 간부들은 지역구를 내세워 해당 상임위의 국회 의원들을 찾아가 설득하고, 고시 동기인 최종찬 건설교통부 장관은 통과를 반신반의했지만 외풍을 든든히 막아줬다.

대다수는 법안 통과가 불가능하다고 전망했지만, 직원들과 함께 부임 후 7개월 만에 3개 법안을 모두 통과시켰다. 이로써 역사적인 철도 구조 개혁이 실현되고, 철도공사와 철도시설공단을 설립하는 기반이 마련되었다. 그러나 철도청 직원들이 강력하게 반발했다.

가장 큰 이슈는 공무원 신분의 철도청 직원이 공사 직원으로 신분이 바뀌면 연금 혜택에 손해가 생긴다는 것이었다. 돈 문제는 돈으로밖에 해결할 수 없다는데, 건교부 철도 구조 개혁 단장으로 철도 개혁에 호흡을 맞추고 있던 이재붕 단장에게 도움을 청했다.

이재붕 단장은 행정자치부와 협의해서 철도청 직원의 신분이 공사로 전환된 이후에도 최소 20년을 채울 수 있도록 연금 불입을 허용하는 안을 마련해서 정부 의견으로 연금 관련 특례 조항을 철도공사법에 반영하도록 하면서 문제를 해결해 주었다.

연금 문제가 해결되자 이번엔 건설공단 노조에서 보수·유지 업무를 공단으로 가져와야 한다고 주장하며 들고 일어났다. 그러나 해당 분야 직원만 9,000여 명에 달하는 보수·유지 업무를 철도청에서 내어줄 리 만무했다.

2004년 1월 1일부로 한국철도시설공단이 출범하면 고속철도를 건설해 온 고속철도건설공단은 업무를 이관하고 정부 조직에서 사라지게 된다.

그런데 인사권자로부터 건설공단 이사장의 거취에 대한 언질이 없었다. 들리는 얘기로는 청와대에서 호남 출신으로 철도청장을 지낸 인사를 신설되는 철도시설공단 이사장으로 거론했는데, 최종찬 장관이 도리가 아니라고 강력히 반대했다는 것이다. 최종찬 장관은 단호했다. 걱정 말고 응모하라고 하더니 끝내 관철시켰는지 내정 통보를 받았다.

그런데 취임 직전인 2003년 12월 28일 최종찬 장관이 사임했다는 보도를 접했다.

자세한 내막은 알 수 없지만, 내 문제 때문에 사임한 건 아닐까 하는 생각이 들어 마음 아프고 미안했다.

2003년 12월 31일 고속철도건설공단은 정부 조직에서 사라지고, 2004년 1월 1일 한국철도시설공단이 출범하면서 3년 임기의 초대 이사장으로 취임했다.

고속 철도 개통

한 지붕 두 가족, 한국철도시설공단

미완의 개통

원고 도롱뇽

6시그마 경영

PM 혁명

평가

퇴임 준비

한 지붕 두 가족, 한국철도시설공단

노무현 정부는 2004년 1월 1일 한국철도시설공단(현 국가철도공단)을 설립하고, 다음해 2005년 1월 1일 철도청을 해산하고 철도를 운영하는 한국철도공사(KOAIL)를 출범시키기로 하면서 철도 산업의 상하 분리를 실행했다.

이와 별도로 철도청장 시절에 철도 운영을 KT나 POSCO처럼 민영화해야 한다고 김대중 정부에 건의해서 긍정적인 반응을 얻었지만 실행하지 못했었다. 그 당시 철도 운영을 공사로 전환하는 것을 가장 경계해야 한다고 주장했는데 철도공사가 탄생하고 말았다.

아쉬움이 크지만 평소 소신이었던 철도 산업의 상하 분리 구조 개혁이 실행되었으니 그나마 다행이고 절반의 성공이었다.

신설된 한국철도시설공단(현 국가철도공단, 이하 시설공단이라 칭함)은 국가가 설립한 특수 법인으로 국가로부터 철도 소유권을 위임받은 준 정부 기관이다. 연간 5조 원 이상의 사업비를 쓰는 거대한 공기업으로 1차 고객은 철도청이고, 2차 고객은 협력 업체였다.

그러나 시설공단은 출범하면서부터 난제가 많았다. 철도 산업이 시설과 영업으로 분리되면서 철도 시설의 유지-보수를 어느 기관에서 하느냐는 양보 없는 논쟁이 해결되지 않았다.

인력 구성은 고속철도건설공단 800여 명의 임직원들은 약속한 대로 고용 승계하고, 철도청으로부터 건설 부분 인력을 중심으로 300여 명의 지원자를 받으려고 했다. 그러나 철도청은 공무원 수를 줄인다는 명분으로 최소 1,000명 이상 최대한 많은 인원을 시설공단으로 보내려고 했다. 시설공단으로서는 결코 받아들일 수 없는 무리한 요구였다.

뿐만 아니라 건설공단 출신과 철도 공무원 출신들은 업무 스타일과 지향하는 목표에서 차이가 컸다. 건설공단 출신들은 지난 10년간 세계 최대 PM 회사 중의 하나인 벡텔(Bechtel)사와 일해온 터라 효율성에 익숙해 있었고, 철도청 출신들은 국내에서 가장 오래된 100년 관료 조직에서 배출한 공무원 출신 기술진이었다.

토목, 신호, 궤도, 전기, 차량 등 기술진의 현장 중복도 불가피했는데, 철도청 출신은 한국노총 소속이었고, 고속철도건설공단 출신은 민주노총 소속이었다.

철도 시설의 유지-보수 업무는 시설공단에서 하는 게 효율적이지만, 관련된 철도청 직원이 9,000여 명에 달하는 방대한 조직으로 신설된 시설공단이 당장 수용하기에는 무리가 있으니, 철도 운영 회사가 대한항공과 아시아나처럼 복수 체제가 될 때까지 기다리자고 노조를 설득해서 동의를 얻었다. 인력 구성은 고속철도건설공단 출신 800명과 철도청 출신 700명으로 합의하고 총 1,500명 규모로 철도시설공단을 출범시켰다.

난제가 산적한 어려운 출발이었지만 공직자로서 소임을 다하고 신생 시설공단의 기틀을 세우려면 스스로부터 자신감을 높여야 했다. 건설교통부에 경영 성과에 따라 연봉의 최대 200%까지 성과급을 지급하는 메리트 시스템(merit system)을 요청하자 신설 공단으로서 불가능하다고 판단했는지 어렵지 않게 승낙해 줬다.

철도는 평시에는 국민을 운송하는 교통 수단이지만, 전시에는 군수 물자를 수송하는 국가 기반 시설이다. 이를 건설하고 관리하는 시설공단 직원들에게는 특별한 사명 의식이 필요한데, 한 지붕 두 가족 직원들은 시작부터 불안해했다.
낯선 환경에서 오는 불안이 아니라 인력 감축에 대한 불안감이 팽배해 있었다.
그도 그럴 것이 초기 1,000여 명 규모로 구상했던 조직인데 1,500명의 직원들이 북적이고, 현장에서 동종 기술진들과 업무가 중복되니 스스로 생각해도 대규모 인력 감축이 불가피해 보였을 것이다. 그러나 구조 조정으로 조직을 이끌 생각은 없었고, 직원들을 안정시키기 위한 강력하고 신속한 조치가 필요했다.

전 직원을 대상으로 2개월 동안 2박 3일 일정으로 13차로 나누어 '비전 공유 및 조직 화합을 위한 전 임직원 한마음 워크숍'을 경기도 분당 새마을 연수원에서 열었다. 그러나 직원들은 늘 해 오던 행사로 치부하고 워크숍 성과를 기대하지 않았다.
이사장이 대전에서 분당을 오가며 승용차 안에서 김밥으로 끼니를 때우면서 2달 동안 단 한 번도 빠지지 않고 워크숍에 참여하고, 뒤풀이에 등장해서 직원들과 잔을 기울이니 진정성이 전달됐는지 분위기가 잡혔다. 그렇다고 워크숍 한 번으로 큰 변화를 기대한 건 아니지만, 우리는 곧 공동 운명체라는 일체감이 형성되어 혁신의 희망이 보였다.

혁신의 불씨를 살리기 위해 즉시 1급 이상 고위 간부들과 1박 2일로 '경영 혁신 추진을 위한 워크숍'을 개최했다. 철도공단이 살길은 혁신뿐이고, 공기업의 혁신은 CEO의 임기가 정해져 있기 때문에 빠르고 강력하게 추진되어야 한다고 역설하고 설득했다.

그 결과 1. 새로운 철도 시대의 선도 2. 사업, 품질 관리의 역량 강화 3. 윤리 경영 정착 4. 화합된 으뜸 일터 실현이라는 공단의 4대 경영 목표를 설정하고, 이를 실행하기 위해 경영 혁신 전담팀을 구성하기로 결의했다.

미완의 개통

철도시설공단이 직면한 임무는 3개월 안에 경부 고속 철도 1단계 사업을 마무리하고, 호남선 복선 전철화를 완공해서 2004년 4월 1일, 경부 고속 철도와 호남 고속 철도를 동시에 개통시켜야 했다.

경부 고속 철도 건설은 20년 전에 교통부 수송 조정 과장으로 타당성 용역 보고서를 작성하면서 인연이 되어 기획 관리 실장과 철도청장으로 가까이에서 지원해 왔고, 호남 고속 철도는 철도청장 시절에 이기호 경제 수석을 통해 김대중 대통령에게 경부 고속 철도와 동시 개통 안을 제안해서 이루어진 사업이었다.

이런 인연이 시간이 흘러 철도시설공단 이사장으로 12년에 걸친 공사를 마무리하고, 대한민국 고속 철도를 개통하게 되었으니 행운이었다.

고속 철도는 시속 300km의 미친 속도로 달리는 첨단 기술의 집합체였다.

열차가 200km/h 이상의 속도를 내면 공기 저항은 속도의 제곱에 비례해서 커지기 때문에 터널을 지날 때 기압차에 따른 충격이 대단해서 이를 완화하려고 동력 차량의 앞 부분을 뾰쪽하게 유선형으로 만들었다.

고속 철도가 고속에서 안정적으로 주행하려면 일반 철도보다 더 엄격한 곡선 한계, 경사 한계, 축중(軸重) 한계, 궤도 한계, 노반 한계 등 섬세한 토목 공사를 요구한다. 뿐만 아니라 사람을 포함한 외부의 위험으로부터 철저하게 차단하기 위해서는 선로에 건널목을 만들지 않아야 하고, 모든 도로와는 입체로 교차하는 것을 원칙으로 건설했다.

이뿐 아니라 고속 철도가 고속을 유지하려면 직선으로 달려야 하기 때문에 지형 지물들을 피해 터널 구간과 고가 구간이 일반 철도에 비해 많이 건설되기 때문에 아무리 작은 부실과 불량 공사라도 대형 사고의 위험이 커서 6시그마 무결함 주의가 절실한 조직이었다.

경부 고속선 1차 구간(서울-대전-대구)은 예정대로 2004년 4월 1일에 개통되고, 한달 먼저 개통한 호남선 고속 철도와 함께 운행되기 시작했다. 경부 고속 철도는 1989년 노태우 정부에서 인천국제공항과 더불어 2대 국책 사업으로 지정하고, 1992년 6월 30일 기공식을 하면서 6년 후인 1998년 완공을 목표로 추진된 국책 사업이었다. 그러나 IMF 외환 위기로 국가 재정이 어려워지자 사업은 1단계(서울-대구)와 2단계(대구-부산)로 나누어 추진되었고, 1단계를 개통하기까지 12년이 걸렸다. PM(사업 관리) 측면에서는 실패한 사업이었지만, 일본, 독일, 프랑스, 스페인에 이어 고속 철도를 운행하는 세계에서 5번째 국가가 되었다.

개통식에는 고건 대통령 권한 대행(국무총리)과 강동석 건설교통부 장관 등이 귀빈으로 참석했다. 고건 총리는 교통부 장관 시절에 6개월간 비서관으로 모셨던 인연을 강조하면서 주변 인사들에게 소개하셨다. 탄핵 정국으로 노무현 대통령이 개통식에 참석하지 못한 아쉬움이 있었지만, 경부 고속 철도와 호남 고속 철도가 동시에 운행되는 것은 의미가 깊었다.

그러나 반쪽짜리 고속 철도였다. 경부 고속선의 대구-부산 구간은 기존의 경부선을 이용했고, 호남 고속 철도는 서울-대전 구간에서만 고속 운행하고 나머지 구간은 호남선을 이용하는 미완(未完)의 개통이었다.

원고 도롱뇽

시설공단은 2010년 대구-부산 2차 구간 개통을 목표로 경부 고속 철도를 완공하기 위해 박차를 가하고 있었다. 그런데 경남 양산에 있는 천성산 원효 터널 공사에서 문제가 발생했다. 내원사 비구니 지율 스님이 KTX 터널 공사로 인해 도롱뇽의 서식지가 파괴된다고 터널 공사 중단을 요구하며 100일 단식에 들어갔다. 언론에서는 연일 찬반 의견이 충돌했다.

문제가 커지자 문재인 민정 수석이 지율 스님을 찾아 단식을 만류했지만 성과가 없자, 노무현 대통령이 직접 노선 변경 검토를 지시하면서 공사가 중단되었다. 그러나 재심위원회에서 기존대로 공사를 진행하는 것으로 결론을 내자 공사가 재개되었다.

이에 반발한 지율 스님은 다시 단식을 시작하면서 터널 공사가 천성산 생태계에 위협이 된다는 사유로 철도공단을 상대로 공사 중지 가처분 소송을 냈다. 소송 당사자인 원고의 명단에 도롱뇽이 있었다. 도롱뇽을 원고로 한 소송은 국민의 관심 속에 1심(울산지법)과 2심(부산고법)에서 원고 패소 결정을 받았고, 대법원에서 상고를 기각하면서 도롱뇽이 패소했다.

유례가 없는 도롱뇽 소송이 진행되는 동안 공사는 6개월간 중단되었고, 145억 원의 직접 피해와 간접적으로 파생된 피해가 막대했다. 소송이 끝나고 다시는 이런 무모한 사태가 발생하지 않기를 바라며 도롱뇽 일당에게 손해 배상 청구를 검토했으나, 변호사는 공사 중단이 노무현 정부의 중재에 따른 합법적인 형태로 배상 받기가 힘들다고 조언해서 소송을 포기했다. 책임지는 사람 없는 허망한 사건이었다.

도롱뇽으로 공사가 멈췄던 천성산 원효 터널은 KTX 경부고속선에 있는 길이 13.28km의 터널로 한국의 터널 굴착 기술을 한 단계 끌어올린 공사 현장이었다. 환경론자가 환경의 관점에서 문제를 제기하는 건 이해할 수 있는 일이지만, 가설을 근거로 한 과도한 투쟁으로 국가에 손실을 초래했다면 정당한 행위로 볼 수 없었다.

시간이 지나 터널이 개통되고 난 후에 확인한 천성산의 생태계는 무탈했다.

조선일보 박정훈 칼럼은 지율이 자신의 홈페이지에 올린 "슬프게도 올봄 천성산엔 도롱뇽이 천지였다!"는 글을 보고 왜? 도롱뇽이 왕성하게 번식하는 게 슬픈지를 묻고 있었다.

원고 도롱뇽

6시그마 경영

철도시설공단의 책무는 미친 듯이 달리는 첨단 기술이 집합된 고속 철도 건설과 철도청의 일반 철도 건설을 통합해서 대한민국 철도 건설을 차질 없이 완공하고, 철도 르네상스 시대를 준비하는 것이었다. 뿐만 아니라 한치의 부실과 불량이 용납되지 않는 철도공단이 되도록 초석을 세워야 했다.

한국노총과 민주노총으로 양분되어 있는 노조를 설득했다. 정말 쉽지 않은 설득이었다. 시설공단이 기능을 제대로 하려면 노사 대화 창구를 일원화해야 한다는 간곡한 설득에 노조 지도부가 공감하고, 자발적인 투표로 하나의 노조로 통합되면서 노사간 대화 창구가 일원화됐다.
본격적으로 경영 혁신을 추진할 여건이 조성된 것이다.

그러는 사이에 6시그마 경영을 실현하기 위한 인적 준비를 하고 있었다. 고속철도건설공단에서부터 눈여겨보던 김정주 품질 관리 본부장을 앞세우고, 고속 철도 개통을 지원하기 위해 철도청에 파견 나가 있던 김영우 코아 기술 과장에게 6시그마 관련 서적을 보내 공부를 권했다. 한 권씩 책을 읽을 때마다 6시그마에 대한 이해도를 확인하고, 파견에서 복귀하자 경영 혁신 단장으로 임명했다. 그리고 혁신에 대해 문제 의식과 열정이 있는 직원들로 경영 혁신단(사무국 7명, 45명의 SI 경영 혁신 개선 전문가)을 구성하고 임무를 부여했다.

김 단장이 이끄는 7인의 사무국 준비 요원들은 업무 프로세스 혁신, 인력 양성, 인사 시스템 개선, 실적 위주의 평가 및 보상 시스템 정착, 조직 문화 개선, 재무 성과로 사업비의 3%를 절감하겠다는 6가지 혁신 목표를 설정하고 추진 계획서를 제출했다.

이를 토대로 전 직원들이 모인 자리에서 '중장기 경영 혁신 마스터플랜'을 발표하면서 혁신의 기치를 올렸다. 마스터플랜 없는 혁신은 지도 없이 광야로 들어가는 거와 같았다.

혁신의 방법으로 '6시그마 경영'을 도입했다.
6시그마(six sigma)는 통계학의 표준 편차를 의미하는 것으로 1980년대 초, 미국 통신기기회사 모토로라에서 불량품을 줄이는 품질 관리 차원의 통계 프로그램으로 개발되어 무결점 수준의 품질을 추구하는 경이로운 성과를 거두었다. 이렇게 시작된 6시그마 품질 관리는 20여 년 동안 지속적으로 발전해서 '6시그마 경영'으로 정착하고, 전 세계 유수 기업이 경영 혁신의 방법으로 채택해서 성공한 기법이었다.

그중에서 토머스 에디슨이 설립한 GE(General Electric)의 잭 웰치(Jack Welch) 회장의 6시그마 경영을 벤치마킹했다. 강력한 리더십으로 GE를 이끌었던 잭 웰치 회장은 6시그마 경영에 대한 이해도에 따라 화이트벨트, 그린벨트, 블랙벨트, 마스터블랙벨트의 체계로 직원들을 교육하면서 6시그마 경영을 추진해서 경영 혁신에 성공했다.

그러나 6시그마 경영을 도입했다고 해서 모든 기업이 혁신에 성공한 것은 아니었다.

6시그마 경영 혁신의 성공 여부는 최고 경영자의 확고한 신념과 강력한 리더십으로 좌우되었다. 정확한 데이터(Data)에 의한 효과적인 관리, 교육, 훈련으로 6시그마 경영 혁신의 시스템을 구축하는 데는 준비 기간이 필요했다. 철도청에서 시간에 쫓겼던 경험을 기억하고 6시그마 경영 혁신 준비를 빠르고 철저하게 했다.

구성원들이 혁신을 수용할 수 있도록 마음의 준비를 시키면서, 전문 컨설턴트 회사인 한국능률협회에 도움을 요청했다. 외부에서 과외 선생님들을 모셔온 것이다. 직원들에게 컨설턴트들을 지도 위원이라고 부르게 하고, 스승처럼 대하자 이들도 열정을 다해 지도해 줬다. 과외 선생님 중에 한수희 컨설턴트(현 한국능률협회컨설팅 대표 이사)는 철도청장 시절부터 나의 파트너였다.

PM 혁명

시설공단에는 빠르게 혁신하지 않으면 안 되는 심각한 문제가 있었다. 철도청에서 하던 일반 철도 건설과 고속철도 건설공단에서 주관하던 고속 철도 건설은 기술 수준뿐만 아니라 사업을 관리하는 방식에서도 차이가 커서 사업 관리 방법을 통일시켜야 했다. 그런데 두 곳 모두 사업 관리가 성공적이지 않았다.

국책 사업인 고속 철도는 잦은 설계 변경과 총 사업비 예측 실패로 공사 기간이 늘어났고, 공사비가 크게 증가했다. 그리고 100년 동안 직렬 조직에서 일했던 일반 철도 건설은 토목, 건축, 궤도, 전기, 신호, 통신 순서로 일을 진행시키다 보니 토목 공사가 끝나면 건축이 시작되고, 건축이 끝나면 궤도가 움직이는 직렬 방식으로 한 곳이 멈추면 줄줄이 다음 공정에 영향을 미치니 비용과 공사 기간이 늘어났다. 거기다 외주 공사이다 보니 책임 소재가 불분명했다. 심각한 문제였다.

해결책으로 선진화된 사업 관리 시스템(PMS: Project Management System) 구축과 시스템을 운영할 인재 양성을 위해 PM(Project Management)제도를 도입했다. 국내에서는 대표적으로 통합 기술의 집합체인 발전소 건설에 적용하고 있었지만, 공기업 임직원들에게는 생소한 PM 아카데미를 개설했다. 미국 프로젝트 관리 협회 PMI(Project Management Institute)에서 공인하는 코스를 만들어 전 직원을 대상으로 실시했다.

책임자와 전담 직원을 배치하고 외부 강사를 초빙해서 일과 후가 아니라 일과 시간에 강의를 듣게 했다. 그리고 PMP(Project Management Professional), 국제 공인 프로젝트 관리 전문가 자격증을 취득하도록 독려하면서 시험 비용의 50%를 공단에서 지원하고, 자격증을 취득하면 월 50,000원의 수당을 지급하도록 지시했다. 직렬 중심의 조직을 기능 중심으로 바꾸는 작업이었다.

PMP가 되기 위해서는 3년 이상 실무 경력과 35시간의 교육을 이수하고, 자격 시험에 합격해야 가능했다. 2004년 9월, PM 아카데미가 개설한 지 3개월 만에 PMP 1호가 탄생했는데, 대리급 임산부 직원이었다. 이에 자극이 되었는지 뒤이어 목표를 크게 넘어선 128명의 PMP가 탄생했다. 그리고 PM 아카데미를 개설한 지 반 년 만에 조직의 10%가 취득했다.

아카데미에 속도가 붙어 한 직장에서 1,000명이 넘는 직원들이 PMP 자격증을 소유하자 미국에서 PMI 부회장이 날아와서 시설공단을 방문하고, 감사와 감탄을 연발하더니 합격자 커트라인을 상향시켰다. 생각지 못한 의외의 조치에 PMI 응시자들에게 미안했다.

전 직원의 70%에 육박하는 PMP 자격 취득은 대우건설, 현대건설보다 훨씬 앞선 비율로 공기업과 민간 기업을 통틀어 이 분야에서 압도적인 1위였다. 어쩌면 전 세계에서도 정상일지도 모르는 성취였다.

다양한 아카데미를 개설해서 직원들을 교육하자 6 시그마 경영 혁신은 빠르게 자리를 잡았고, 경영을 시스템화하자 BSI(영국표준협회)로부터 품질(ISO-9001) 및 환경(ISO-14001) 경영 시스템 통합 인증을 공기업 최초로 취득하는 등 성과가 나타나기 시작했다.

평가

신설된 철도시설공단의 첫 해가 정부로부터 평가를 받았다. '2004 정부 주관 공공 기관 혁신 경영 진단'에서 4단계를 달성해서 212기관 중에서 12위를 차지하고, '정부 경영 평가'에서 1위를 차지했다. 신설 공단으로서는 이례적인 사건이었다.

가능하지 않아 보여서 자신 있게 요청했던 메리트 시스템이 적용되어 200%에 근접하는 보너스를 받았다. 공직을 시작해서 처음 만져보는 큰 돈으로 돈 버는 일과 돈 쓰는 일 모두 익숙하지 않은 우리 부부에게도 넉넉한 보너스는 참 좋았다.

직원들도 뜻밖의 성취에 고무되어 자존감이 충만했는데, 뒤이어 발표된 부패방지위원회(현 국가청렴위원회)의 청렴도 평가에서 최하위를 기록했다. 공단의 존폐가 위협받을 수 있는 결과로 철도 100년사에 상하 분리로 철도 르네상스 시대를 열어 보려는 노력이 물거품이 될 수 있는 사건이었다. 그에 반하여 상하 통합론자들에게는 반격의 호재였고, 사욕과 사심을 멀리하고 청렴을 지키려고 애써왔던 공직자로서는 치욕이었다.

보통 문제가 아니었다. 3급만으로 구성된 '청렴도 향상 특별 대책팀'을 서둘러 발족하고, 부패 발생의 원인과 문제점을 분석했다. 설계, 시공 입찰, 계약, 시공, 준공, 감리 등 업무 단계별로 협력 업체와의 접촉이 너무 많았고, 이에 대한 관리와 통제가 느슨했다. 그리고 하청 업체 공사 현장에 대한 철도공단의 점검이 지나치게 많았고, 향응을 관행으로 여기는 의식이 팽배했다.
결국 부정 부패의 원인은 협력 업체와의 관계에서 발생했다. 문제점을 파악하자, 기획조정실에서 하고 있던 윤리 경영 업무와 감사실의 청렴도 업무를 통합해서 경영 혁신단 안에 윤리 경영팀을 신설했다.

말이 쉬워서 협력 업체와의 문제지 복마전처럼 얽힌 철도 건설의 비리를 끊지 않고는 시설공단을 국가를 위한 일류 공기업으로 만들려는 어떠한 노력도 사상누각이었다.
부패와 전쟁하는 심정으로 전문 교육 기관에 의뢰해서 사이버 윤리 교육을 실시했다.

대상은 CEO를 포함해서 열외 없는 전 직원으로 개인적으로 수강 진도가 떨어지면 휴일을 이용하도록 독촉 메시지를 발송했다. 윤리 교육 성적은 수강 시간, 종합 시험, 논문으로 평가해서 만점자에게 상품권을 주며 격려하고, 개인 성적은 게시판에 공개했다. CEO도 시험에서 예외가 아니었는데, 2005년에는 96점, 2006년에는 94점을 받았다.

어려운 일이었지만 청렴도를 높이기 위해 적발해서 처벌하는 감사 방법이 아니라 윤리 교육을 통해 갑과 을의 관계에 있는 협력 업체와의 업무 프로세스를 혁신하고, 근본적으로 부정 부패가 발생하는 문제를 해결하려고 했다.

그 일환으로 협력 업체 CEO들과 간담회를 마련하고 윤리 실천 협약서를 작성했다.

협력 업체 임직원이 공단 임직원에게 금품이나 향응을 제공한 사실이 적발되면, 입찰을 제한하고, 낙찰은 취소하고, 계약은 해지할 수 있도록 협약서를 체결했다.

그럼에도 불구하고 얼마 지나지 않아 사업을 낙찰 받은 협력 업체 임원이 공단 간부에게 금품을 제공한 사실이 적발되었다. 이 업체는 오랫동안 철도 건설에 공이 있는 업체였다.

즉시 윤리위원회를 소집해서 협력 업체에게는 낙찰을 취

소하고, 공사 중이던 계약을 해지하고, 공단 직원은 파면이라는 중징계를 내렸다. 강력한 반발이 있었지만 윤리 실천 협약서는 효력이 있었다. 그 뒤로도 도급 순위가 상위에 있는 건설 업체에게 계약 해지라는 강수를 취하면서 부패의 사슬을 끊기 위해 몸부림쳤다.

1년 뒤, 공기업 청렴도 평가에서 전년도 대비 개선율 27.2%로 최고를 기록했지만, 청렴도 순위는 여전히 만족스럽지 않았다. 부패가 사라질 때까지 윤리 교육, 윤리 경영을 지속해야 했다.

그러나 좋은 결과도 있었다. 혁신 수준은 지난해 4단계에서 5단계로 한 단계 끌어올렸고, 정부 경영 평가에서 2년 연속 1위를 달성해서 또다시 보너스를 받았다.

뿐만 아니라 상이 늘었다. 한국능률협회 주관 대한민국 경영 품질 6시그마 부분 대상과 최고 경영자상, 그리고 공공 부분 종합 대상을 수상했다. 믿고 따라준 직원들의 적극적인 참여가 만들어낸 결과였다.

퇴임 준비

시설공단의 본사가 있는 대전은 철도청장 시절에 꼬박 3년을 살았고, 고향에서 멀지 않아 지인들도 여럿 살고 있어 제2의 고향처럼 익숙하고 편안했다. 그러나 원래도 일에 몰두하는 스타일이지만 신설된 시설공단은 일이 정말 많았다.

아내는 나랏일 한다고 가정사에 거리를 두는 남편을 타박하지 않았고, 오히려 그 역할을 보충해 줬다. 돌이켜 보면 아쉬운 대목이지만 내겐 가정보다 공직의 무게가 엄중했는데, 그나마 업무에서 성과를 내고 두둑한 보너스로 보상을 받으니 위로가 되었다.

그러는 중에도 아내는 두 번째 대전 생활을 알차게 보내고 있었다.

젊은 시절부터 관심을 가지고 있던 농촌의 식생활에 대해 국립 공주대학교 대학원에서 만학의 열정을 이어가면서 관사가 있는 아파트 단지 공터에서 텃밭을 가꾸고 있었다.

이사장 관사는 유성에서 조치원으로 가는 길목인 유성구 노은동에 있었다.

왕가산 밑자락에 자리한 노은동은 2002년 한일월드컵 이전에는 아무것도 없는 농촌이었다는데 월드컵 경기장이 건설되고 나서 신도시로 개발되기 시작했다고 했다. 왕가산은 태조 이성계가 도읍지를 찾는 중에 가마를 타고 봉우리에 올랐다고 해서 붙여진 왕가봉(王軻峰)이란 이름으로 더 알려진 200여 미터 높이의 숲이 우거진 나지막한 산이었다.

관사로 사용하는 아파트는 단지가 다 조정되지 않아 집 앞 초등학교 부지가 공터로 비어 있었다. 농고 출신 부부에게 공터로 비어 있는 초등학교 부지가 너무 아까웠다.

아내는 시간이 날 때마다 호미를 들고 나가 자갈을 골라내더니 텃밭을 일구었다.

텃밭에서 채소를 키워 동네 주민들과 나누자 함께 텃밭을 일구는 분들이 하나둘씩 생겨나는 재미가 있었다.

그러던 어느 날, 왕가산 기슭에서 복숭아 과수원을 하던 분이 소문을 들었다고 하면서 연락이 왔다.

"이사장님께서 농사를 잘 지으신다고 들었습니다."

수지가 맞지 않아 복숭아 과수원을 갈아엎었는데, 공한지(空閑地)로 분류되어 세금이 부가되었다고 했다. 다른 조건은 없으니 과수원 땅에서 농사를 지어 세금을 면할 수 있게 해 달라는 제안이었다.

과수원 땅이 제법 넓어서 고민 되었지만 거름을 많이 준 땅이라 그런지 비옥했고, 농사지어서 주변과 나누는 기쁨이 커서 제안을 받아들였다. 토지 사용료는 없으니 농사지어 나누기만 하면 되었다.

낮에는 공무가 바쁘니 아내가 수고하고, 퇴근 후에 시간이 되면 8시부터 2시간 정도 플래시를 밝히며 인근 계곡에서 물동이에 물을 길러 작물에 물을 주는 역할을 했다.

주경야독(晝耕夜讀)이 아니라 주독야경(晝讀夜耕)이었다.

충남의 명문 농고 출신 부부답게 상추, 배추, 쑥갓은 물론이고 가지, 오이, 고추 등 13가지 채소를 재배했다. 부부가 사는 집에 채소가 필요하면 얼마나 필요했겠는가?

동네 주민들과 영세한 식당에 주변 농작물을 해치지 않고 수확하는 방법을 가르쳐 주고, 자유롭게 먹을 만큼 따가도록 했다. 그리고 노인정에 필요한 만큼 충분히 채소를 공급했다. 육체적으로는 피곤했지만 바쁜 일정을 마치고 농사짓는 시간이 행복했고, 나누는 기쁨이 커서 임기를 마치고 관사를 떠날 때까지 2년여를 지속했다.

유난히 일이 많았던 시설공단 시절에 부부가 누리던 힐링(healing)의 시간이었다.

이러는 중에 결혼하지 않겠다고 고집을 피우던 큰아들 성욱이가 결혼하는 경사가 생겼다. 어려서부터 책을 좋아하고 비범해서 염려보다 기대가 되던 아들이었다. 너무 기뻤다. 이번에도 고위 공직자로서 청첩장은 만들지 않았고, 서울의 한 호텔에서 조용히 결혼식을 했는데도 알음알음 사람들이 왔다. 큰아들의 결혼으로 마음이 한결 가벼워졌지만 철도공단 이사장이 마지막 공직일 것 같아 퇴임 후의 삶을 생각해야 했다.

아내와 퇴임 후의 삶을 진지하게 논의했다. 공직을 시작하면서 공직을 마치면 고향으로 내려가서 살자고 했는데 낙향할 때가 다가오고 있었다. 그런데 고향인 청양으로 돌아가는 길에 커다란 장애가 생겼다.

2005년 10월, 노무현 대통령의 승인을 거쳐 충남 연기군(현 세종 특별 자치시)으로 정부종합청사 이전 계획이 확정되자, 인근 청양군의 땅값까지 10배 이상 치솟고, 토지 거래 허가 지역이 되었다. 고민 끝에 세종시에서 멀리 떨어져 토지 거래 허가제에서 자유로운 서천군 일대에서 땅을 찾기로 했다. 보너스를 받아 모아 둔 돈이 있으니 넉넉한 마음으로 퇴임 후에 살 만한 땅을 찾았지만 마땅한 땅이 없었다.

매물이 거의 없는 낙후된 시골이라 매물이 나오기를 기다리는데 땅을 보러 오라는 연락이 왔다. 일생 땅을 사 본 적이 없어 풍수에 능한 대학 선배님에게 자문을 구했더니 기꺼이 동행을 자청하셨다. 사전에 인터넷으로 서천 지역의 땅을 조사하고 온 선배님은 매물을 둘러보고 나서 새로운 땅을 추천했다.

선배가 추천한 땅을 둘러보니 상세한 설명을 듣지 않아도 포근하고 편안했다. 그러나 문제는 땅 주인이 땅을 모으는 사람이지, 파는 사람이 아니라서 인근에 사는 친지에게 설득을 부탁하고 돌아왔다. 서천에 사는 친지가 거의 반 년을 설득해도 끄떡하지 않아 다른 땅을 찾아보고 있는데, 갑자기 땅 주인이 팔겠다고 연락이 왔다.

주변 사람들의 말로는 땅 주인의 의사 사위가 서울에서 병원을 개업한다고 했다.

교회를 끼고 있는 소나무 숲과 인근 야산에 있는 자그마한 대나무 숲 그리고 언덕 위에 임야를 포함한 전답을 평균 20,000원에 일괄 매매하는 조건이었다. 부담되는 평수였지만 소나무 숲은 교회에 기부할 생각을 했다. 그런데 교회에서 먼저 소나무 숲을 매입해서 야산의 대나무 숲을 포함한 2,000평의 땅을 평당 20,000원으로 총 4,000만 원에 매입했다.

공직에서 물러나면 드문드문 농가가 있는 이 땅에 집을 짓고, 아내와 함께 농사 지으며 살기로 했다.

정부의 상하 분리 방침으로 철도청이 해산되고, 철도공사와 시설공단으로 나누어지면서 둘 다 자가 건물이 없는 처지가 되었다. 시설공단은 임대 건물을 사용하고 있었고, 철도공사는 철도청이 해산되면서 정부대전청사를 떠나야 했다.
철도공사보다 1년 먼저 출범한 시설공단은 사옥 부지를 마련하고 있었다. 그러나 이왕이면 대한민국 철도의 중심 도시인 대전에 철도를 상징하는 랜드마크를 건축해서 철도의 두 중심축인 철도공사와 시설공단이 함께 사용하면 좋겠다는 생각으로 건교부에 건의해서 28층짜리 쌍둥이 사옥을 추진했다.
지금 같으면 어림없는 얘기겠지만 건교부에서 제안을 받아들여 대전역 인근, 동구 신안동 264번지 널따란 부지에 '철도 트윈타워'를 착공했다. 입주는 몇 년이 지난 후에야 가능하겠지만 철도 산업의 상하 두 축이 서로를 마주 보며 열매 맺는 자웅이체(雌雄異體)나무처럼 성장하기를 바라는 마음이었다.

어느덧 부임한 지 3년 차가 되었다. 철도공단 이사장은 공무원과는 달리 임기가 3년으로 정해져 있으니, 마지막 해에 혁신의 불꽃이 시들지 않도록 최선을 다해 마무리해야 했다.

출범과 함께 6시그마 경영 혁신의 기치를 올리며 시작한 다양한 인재 양성 아카데미는 성과를 거두고 있었다. 사업 관리 PM 아카데미는 개설 1년 6개월 만에 전체 직원 1,500명 가운데 1,457명이 이수하고, 전체 조직원의 60% 이상이 PMP(Project Management Professional) 자격증을 취득했다.

품질 관리 QM 아카데미는 135명이 국제 ISO 심사 위원 자격을 획득했고, 기술사 PE 아카데미, KR 엔지니어링 아카데미, 경영 혁신 아카데미 등 다양한 프로그램으로 전 직원이 연간 90시간 이상 공부하고, 한 가지 이상 자격증을 취득했다.

그러나 인재 양성은 자격증과 실력만으로는 충분하지 않았다. 꾸준히 윤리 경영과 윤리 교육을 실행해서 부정 부패가 눈에 띄게 줄었고, 정부 경영 평가 2년 연속 1위와 각종 수상으로 조직의 사기가 올라 철도공단은 빠르게 자리를 잡아가고 있었다.

그러나 어느 조직이든 CEO가 교체되면 혁신의 동력은 멈추고, CEO의 성향에 따라 변화가 불가피하다. 그러니 이를 최소화하고 운영이 선순환하려면 조직에 적합한 운영

시스템을 구축하는 것이 필요하다.

서로 다른 시스템에서 근무했던 한 지붕 두 가족은 인적, 물적 통합보다 시스템 통합이 더 어렵고 시급했다. 사용해 왔던 기존 시스템을 포기하고, ERP 기반의 통합 정보 시스템 도입을 결정했다. ERP는 Enterprise Resource Planning의 약자로 전사적 자원 관리라고 하는데, 기업 전반의 업무를 통합적으로 관리하고, 경영 상태를 실시간으로 파악하고, 필요한 정보를 공유하게 함으로써 투명하고 체계적인 업무 처리를 목적으로 개발된 프로그램이었다.

시설공단의 특성을 다각적으로 진단하고 난 후에 ERP 분야에서 독보적인 독일 SAP사에서 개발한 SAP R-3 ERP 프로그램을 도입하기로 했다. 그러나 SAP R-3 ERP는 최상의 프로그램임에는 틀림없지만, 건설 사업을 관리하는 모듈(module)은 없었다. 반면에 시설공단은 주 업무가 철도 건설을 관리하는 것으로 자체에서 개발한 철도 건설 사업 관리 시스템을 가지고 있었다. 이를 SAP ERP와 통합해야 시설공단에서 원하는 ERP가 될 수 있었다. SAP사에서도 처음 시도하는 모험이었는데, 시설공단 ERP 구축팀은 과로로 쓰러져 가면서도 SAP사와 협업해서 통합형 ERP 개발을 성공시켰다.

프로그램의 핵심은 SAP ERP 기능에 더해 시공사, 감리단,

설계사 등 현장 계약자까지 시스템을 연결하여 그야말로 종이 서류가 필요 없는 업무 체계와 실시간 관리 체계를 구축하는 것이었다. 그리고 사업 초기 설계 단계에서부터 사업의 시행과 준공, 그리고 관리에 이르는 전 단계를 통합 관리하는 통합 정보 시스템을 구축하고, 준공 후에 실행되는 시설물 관리도 시설물을 표준화하여, 유지 관리를 담당하고 있는 철도공사와 정보를 공유할 수 있도록 하는 것이었다.

이렇게 개발된 철도공단의 SAP ERP는 최고의 실행 프로그램으로 인정받아 SAP 본사에서 베스트 프렉티스(Best Practice)로 선정되었다.

철도공단에 ERP를 접목 하는 것은 공단 운영의 뼈대를 새로 세우는 혁신이었다.
그러나 직원들에게는 날벼락이었다. 지금까지 익숙하게 해오던 관행을 포기하고, ERP 시스템에 맞추라고 하니 여기저기에서 불만이 터져 나왔다.
기능 중심으로 업무를 처리해 왔던 직원들에게 낯선 시스템 중심의 ERP로 업무를 전환하라고 하니 짜증을 냈다. 삼삼오오 모여 현재 사용하고 있는 시스템도 아무런 문제 없이 잘 돌아가는데, 예산을 낭비해서 ERP를 도입한다고 불만을 표출했다.

그런데 더 큰 부작용은 일부 오래된 간부들의 불만이었다. "ERP는 공기업에는 맞지 않는 시스템으로 예산 낭비다. 설사 첨단 시스템이라고 해도 철도공단에 도입하는 것은 시기 상조로 ERP가 본격화되면 대규모 인원 감축이 불가피 하다."는 부정적인 의견을 흘렸다.

급기야 노조가 들고 일어나서 전사적인 설득이 필요했다. 세계적인 철도 엔지니어링 전문 기업의 비전을 달성하기 위해서는 어려운 혁신을 왜 해야 하는지 설득하고, 우리의 꿈을 실현시켜줄 최고급 엔진을 장착하는데 이 정도의 불편과 어려움은 극복하자고 호소했다. 그리고 ERP를 도입해도 인원 감축은 없다고 선언하자 진심이 통했는지 불만이 가득했던 직원들에게 변화가 감지되고 빠르게 정착되었다.

사심과 사욕 없이 국가를 위해 공무에 집중하는 이사장에게 보내는 직원들의 신뢰였다.

이렇게 혁신의 고비고비를 넘어가는 사이에 기쁜 소식을 보고 받았다.

철도청장 때 건교부에 제안해서 건설되고 있던 철도교통관제센터의 완공 소식이었다.

철도는 평시에는 교통 수단이지만, 전시에는 탱크, 대포, 중화기 등 무거운 장비를 대량으로 수송하는 군사 전력이 된다. 그러다 보니 철도고등학교 졸업생들에게 군 면제 혜택을 주기도 했었다.

철도교통관제센터는 전국의 철도가 원활하게 운행될 수 있도록 운행 정보를 제공하고, 이를 바탕으로 운행을 통제하며, 안전한 운행이 될 수 있도록 지도 감독하고, 사고가 발생했을 시에는 이를 수습하기 위해 지시, 감독하는 곳으로 공항의 항공관제센터처럼 중요한 역할을 하는 곳이다.

철도청장 시절에 관제 업무를 점검해 보니 서울, 대전, 순천, 영주, 부산 등 5개 지방청 별로 나뉘어 운영되고 있었고, 경부 고속 철도 구간은 고속 관제실을 따로 만들고 있어 통합 관제의 필요성이 대두되었다. 이에 따라 철도교통관제센터 건립을 건교부에 제안했고, 이를 건교부에서 받아들여 착공한 지 4년 만에 구로 철도 기지창 내에 철도교통관제센터의 건설을 책임지고 있는 철도시설공단 이사장으로 돌아와 건설을 마무리하고 개통을 하게 되었다.

공무란 누구의 제안으로 시작되었는지 아무도 관심을 가지지 않지만 스스로는 기억하고 있다. 관제센터를 임기 내에 개통하고 싶었지만, 국내 최초로 건설되는 철도의 통합 사령실, 철도교통관제센터는 국가 보안 시설로 완벽을 기하는 것이 무엇보다 중요해서 독촉하지 않았는데

2006년 12월 21일, 임기를 10일 앞두고 개통식을 한다는 보고였다.

전국의 철도가 한눈에 펼쳐 보이는 구로 철도교통관제센터의 개통식에 참석하고, 10일 뒤에 3년 임기를 마치고 퇴임식을 했다. 공직자로서 보람 있는 행운이었다.

다시
공직으로

유유자적(悠悠自適)

인사 청문회

유유자적(悠悠自適)

2007년 1월 1일, 철도공단 이사장 퇴임과 함께 공직을 마쳤다고 생각하고 유유자적(悠悠自適)한 삶을 기대하며 주변을 정리했다. 언론에서는 종종 장관 후보로 거론했지만, 노무현 정부에서는 관심이 없었다.

대전살이를 정리하고 공보관 시절부터 살았던 산본 집으로 돌아가려는데 계약이 만료된 세입자가 자녀의 학교 문제로 1년 연장을 부탁하는데 거절할 수 없었다.

세입자가 나갈 때까지 혜화동 로터리 인근에 임시 거처를 마련하고 광화문에 있는 용비어천가라는 오피스텔에 삼연정책연구소를 마련했다.

말이 연구소지 혼자 사용하는 공부방으로 공직 중에 경험했던 물류, 혁신, 관광 분야를 정리해서 후배들에게 남기고 싶었다. 물류는 자연스럽게 흐르게 해야 하고, 혁신은 감연(敢然)하게, 곧 과감하게 결단하고 실행해야 하며, 관광은 꿈이 있어야 한다는 세 가지 의미를 담아 삼연(三然)정책연구소라고 이름했다.

홀로 있는 연구소를 찾아오는 지인들에게 차를 끓여 대접하는 시간이 기뻤다.

삼연연구소로 출근해서 책을 읽고, 왕래가 뜸했던 친우들을 만나고, 종종 찾아오는 후배들과 시국을 논하며 유유자적(悠悠自適)하게 지내는데, 철도시설공단에서 2006년 정부 경영 평가에서도 1등을 해서 보너스를 지급하겠다고 연락이 왔다. 임기 3년 내내 정부 경영 평가에서 1등을 한 것이다.

퇴임 후에도 보너스를 받을 줄은 생각하지 못했는데 기분 좋은 소식이었다.

보너스를 합하니 철도시설공단 이사장으로 3년을 근무하고 대략 8년치 연봉을 받았다. JDC를 떠날 때 금전적 손해를 감수하고 고속철도공단으로 갔는데, 지나고 보니 국가로부터 더 많은 보상을 받았다.

쫓기듯 바쁘게 살았던 공직을 마치고 삼연정책연구소로 출근하는 길은 여유로웠다.

혜화동 로터리에서 창경궁 돌담길을 지나 청계천 물길을

따라 걷다 보면 광화문이 보였다. 청계천 복원은 기념비적인 사업이었다.

개발 시대를 상징하는 청계 고가는 지어진 지 30년이 넘어 붕괴의 위험이 경고되었고, 물길 위에 덮개를 씌운 복개 내부는 메탄가스가 쌓여 임시방편으로 곳곳에 구멍을 뚫어 가스를 내보내는 형편이었다. 이로 인해 청계천 일대는 물론 퇴계로, 을지로, 종로에 이르기까지 도심의 발전이 멈추고 슬럼화가 진행된 지 오래되었다.

몇몇 전문가들이 청계천 복원을 거론했지만, 이로 인해 파생될 다양한 문제들을 해결할 묘수가 없으니 누구도 엄두를 내지 못해 방치하고 있었다.

이명박 후보가 청계천 복원을 공약으로 서울 시장에 당선되자 거침없이 청계 고가를 철거하고, 광화문 동아일보사 앞에서 신답 철교까지 5.84km 구간을 복개하면서 밀폐된 오염으로 죽었던 청계천을 살려냈다. 1760년 영조 36년에 청계천을 준설한 이후 방치된 청계천을 복원해서 맑은 물이 흐르고 물고기가 오가는 시민의 공간으로 만들며 단숨에 공약을 지켰다. 대단한 결단력이고 실행 능력이었다. 이명박 시장이 추진한 청계천 복원 사업은 개천을 복원해서 물이 흐르게 하는 단순한 토목 공사가 아니었다. 슬럼화돼 가던 서울 도심을 시티 라이프(city life)가 가능한 쾌

적한 도심으로 변모시키고, 청계천 효과로 양재천을 비롯한 도심을 흐르는 전국의 개천들을 앞다투어 맑은 물이 흐르는 시민의 공간으로 살아나게 했다.

뿐만 아니라 도시 교통 과장 때 만들었던 서울시 도시 교통 매뉴얼이 작동하고 있었다.

버스 전용 차선이 등장하고, 환승 등 대중교통 체계가 혁신되기 시작했는데, 아무나 생각하고, 아무나 실행할 수 있는 사업들이 아니었다.

대학 선배인 이명박 서울 시장과는 철도시설공단 이사장일 때 지인과 함께 한차례 만날 기회가 있었지만 짧은 만남으로 깊은 대화는 없었다. 그러나 대화 중에 사심 없이 나랏일을 생각하고, 일하는 방법을 아는 분이라는 인상을 강하게 받았다. 그리고 다시 만날 기회가 없었는데, 이명박 시장이 서울 시장 임기를 마치고 2007년 한나라당 대통령 후보로 대선에 출마했다.

공직 생활을 하면서 박정희, 최규하, 전두환, 노태우, 김영삼, 김대중, 노무현, 7분의 대통령을 경험했다. 한 분 한 분이 각자의 장점으로 나라 발전을 위해 노력하는 걸 경험했지만 아쉬움도 있었다. 그래서 미래 대한민국 대통령은 이념에 치우치지 않고, 사심 없이 나라를 위하고, 실물 경제를 이해하고, 일하는 방법을 아는 대통령이 등장하기를 기대하고 있었다. 이런 바람으로 이명박 후보를 지지했다. 대선이 시작되자 이곳저곳에서 선거 캠프에 참여하라는 요청이 있었지만 거절하고, 외곽에서 미래형 지도자를 기대하며 이명박 후보를 지지했다.
선거 결과, 한나라당 이명박 후보가 대통합민주신당의 정동영 후보를 역대 최대 격차로 꺾고, 2007년 12월 19일 제17대 대통령에 당선되었다.

대통령직 인수위원회가 출범하고, 김대중, 노무현 대통령으로 이어온 좌파 정권 10년이 마감되며 정권 교체가 시작되었다.

인사 청문회

언론은 연일 국무 위원 후보들의 하마평을 쏟아냈고, 방송에서는 패널들이 자신들의 상상 속에서 내각을 구성하고 있었다.

"국토해양부 장관으로 내정되셨습니다."
2008년 2월 18일, 대통령 비서실장으로 내정된 유우익 실장으로부터 전화가 왔다.
국토해양부 장관으로 내정되었으니, 사흘 이내에 장관으로서 소관 부처를 어떻게 운용할지 A4 용지 5장 이내로 정리해서 보내달라는 전화였다.
순간 누구의 추천이지? 하는 생각이 스쳤지만, 눈을 감으니 모두의 도움이었다.
장관 내정자로 발표되자 언론에서 저마다 인물평을 했다.

"탁월한 조직 장악력과 업무 추진력에 후배들을 끝까지 챙겨 주는 면모도 갖춘 보스형으로 최고 경영자(CEO)로서의 자질도 갖추었다."

내정자 발표 당일 KBS 뉴스의 평가였다.

장관 내정 소식에 잠시 흥분했지만 국토해양부 장관의 업무는 엄중하고 방대했다.

정부 조직법 개정에 따라 1994년 12월부터 건설부와 교통부는 건설교통부로 통합되었고, 작은 정부를 지향한 이명박 정부는 해양과 항만 업무를 추가해서 국토해양부로 조직 개편을 했다. 그러니 실질적으로 건설부, 교통부, 해양부 세 개 부처 업무를 수행하는 장관이 된 것이다.

장관 비서를 하면서 내가 장관이라면 이런 일은 이렇게 하겠다는 생각을 해 보긴 했지만, 그땐 그때고 이제는 현실이 되었다. 평소 생각으로는 장관으로서 업무를 성공적으로 수행하려면 핵심이 무엇인지 정확하게 파악해서 조직의 역량을 집중하고, 그 이외의 일은 과감히 구별해야 했다. 그리고 국토해양부의 비전을 국토를 보존하고 관리한다는 수동적인 자세에서 벗어나 세계 일류 국가로의 도약에 기여할 수 있도록 도전적이고 진취적인 국토 경영을 목표로 해야 국토 경쟁력을 높이고 국민들의 삶을 풍요롭게 할 수 있다고 생각했다.

평소의 생각을 중심으로 국토해양부 운용 계획서를 A4용지 5장 이내로 정리하려면 도움이 필요해서 총리실에서 근무하고 있던 이재붕 국장에게 연락을 취했다. 전화를 받고 한 걸음에 달려온 이 국장과 광화문 삼연연구소에서 만나 평소의 소신을 토로하며 스스로의 생각을 정리했다. 다음날 아침, 이재붕 국장이 운용 계획서를 작성해 왔다. 토씨 하나 고칠 곳이 없는 내 생각 그대로였다.

과천청사 인근 전망 좋은 수자원공사 수도권 본부에 인사청문회 준비 사무실이 마련되었다.
건교부 기획 관리 실장을 중심으로 업무 보고가 바삐 진행되었고, 청문 보고서 양식에 의해 국회 인사 청문회를 준비했다.
청문회는 국회 의원들이 제기하는 의혹을 해명하는 자리였다. 앞뒤 없는 의혹이 제기되었지만 핵심은 한반도 대운하에 대한 찬반 여부를 다그치고, 서천 땅의 투기성과 군미필을 집중적으로 지적했으나 오래지 않아 청문 보고서가 채택되었다.

국무 위원,
국토해양부 장관

국토해양부

위기 그리고 보금자리 주택

경인 아라뱃길

세 번째 활주로와 3단계 건설

속도 혁명

해양과 수산

세종시 수정안

국토해양부

2008년 2월 29일, 이명박 대통령으로부터 국무 위원 국토해양부 장관 임명장을 받았다.

1971년 고시에 합격하고, 공직을 시작한 지 37년 만에 대한민국 정부의 국무 위원 겸 국토해양부 초대 장관이 되었다. 작지만 경쟁력 있는 정부를 구현하고, 새로운 행정 환경에 적합한 시스템을 구축한 이명박 정부의 초대 국토해양부 장관은 국가 의전 서열 20위인 외교부 장관, 24위인 행정안전부 장관에 비해 32위로 국무 회의 테이블에서 대통령과 멀리 떨어진 국무 위원이었다.

그러나 건설부, 교통부, 해양부, 3개 부처의 업무가 통합된 국토해양부는 4대강 살리기, 경인 아라뱃길, 보금자리 주택, 세종시 수정안 등 이명박 정부의 핵심 국책 사업을 수행하는 부서였다.

본부 조직은 1,100명으로 장관 1명에 2명의 차관을 두었다. 제1차관은 건설과 주택 관련 업무를 총괄하고, 제2차관은 교통, 물류, 해양 관련 업무를 총괄했다. 차관 밑에 6실(주택토지실, 건설수자원정책실, 교통정책실, 물류항만실, 항공정책실, 기획조정실), 2국(국토정책국, 해양정책국), 22개의 관(정책관, 관리관)과 1대변인, 그리고 100개의 과(課)와 2센터로 구성되었다.

소속 기관으로는 지방국토관리청, 지방해양항만청, 지방항공청, 국토해양인재개발원 등 14개의 기관을 두었고, 인천국제공항공사와 한국항공공사 2곳의 시장형 공기업이 있었다. 준시장형 공기업으로 한국토지주택공사, 한국철도공사, 한국도로공사, 제주국제자유도시개발센터 등 8개 공사를 두었고, 위탁 집행형 준정부 기관으로 국가철도공단, 한국교통안전공단, 국토안전관리원 등 6개를 두었다. 이뿐 아니라 주택관리공단, 새만금개발공사, 항공안전기술원 등 13개의 공공 기관과 다수의 협회와 단체를 관할하고 있는 방대한 조직이었다.

장관의 업무는 기관장으로 임했던 자세와 방법과는 차별이 필요했다.

첫 업무로 제1차관에 한국도로공사 권도엽 사장(훗날 제2대 국토해양부 장관 역임)을 선임하고, 신설된 제2차관에 이재균

해양수산부 정책 홍보 관리실장(훗날 제19대 국회 의원 역임)을 세웠다. 그리고 내정자 신분 때 3개 부처 통합으로 어수선한 분위기를 정돈하고 가능하면 희망 보직에 배치하기 위해 간부들에게 요청했던 업무 수행 계획서를 참고로 조직을 정비해 나갔다. 에세이 형식으로 요청한 업무 수행 계획서에는 역량을 발휘하고자 하는 1-2개 분야를 스스로 정하게 하고, 왜 그 분야를 맡고자 하는지 해당 분야의 현황에 대한 인식과 앞으로 나가야 할 비전, 그리고 그 비전을 달성하기 위한 구체적인 전략과 방안 등을 쉽고 명료하게 서술해 달라고 요청했다. 향후 조직 운영에 최대한 반영하도록 노력하겠다고 했는데, 그 약속을 존중하는 선에서 인사를 감행했다.

인사권은 장관이 조직을 이끄는 힘이다. 선거 캠프 출신의 실세 장관이 아니고, 대통령과 개인적인 친분이 없는 고리약한 장관이라고 생각했는지 인사에 외압을 우려하는 직원들이 있었지만 그런 일은 발생하지 않았다.
이명박 정부는 장관에게 힘을 실어 주는 정부였다.

위기 그리고 보금자리 주택

이명박 정부가 출범한 2008년 2월은 글로벌 금융 위기로 경기가 급격히 하락하고 있었다. 미국의 부동산 가격은 2006년 중반까지 정점을 기록하고 급락하고 있었고, 부동산 거품이 꺼지자 제2차 세계 대전 이후 최대, 최악이라는 서브프라임 모기지 사태(subprime mortgage crisis)가 발생했다. 이로 인해 세계 경제는 2007년 중반부터 신용 위축과 이에 따른 미국과 유럽의 경제 성장률 감소로 글로벌 경제 위기의 수렁에 빨려 들고 있었다.

당시 한국은행에서 정리한 국내 사정은 2007년도 GDP(국내 총생산)가 9천698억 달러로 비교 대상국 188개국 가운데 14위를 기록했다. 2001년 세계 12위로 진입한 이후 10위권 진입을 목전에 뒀지만 2007년 14위로 뒷걸음 친

것이다. 더구나 국제통화기금(IMF)은 2008년 한국의 경제 규모 순위가 세계 경제 침체 여파로 16위로 하락하고, 당분간 10위권 진입은 어려울 것으로 예측했다.

엎친 데 덮친 격으로 국내 부동산에도 빨간불이 들어와 있었다.

김대중 정부에서 IMF 사태로 침체된 건설 경기를 살리고 내수 경기를 회복시킬 목적으로 부동산 규제 완화에 주안점을 두었는데, 엉뚱하게 강남을 중심으로 한 부동산 가격이 급등하기 시작했다. 뒤이은 노무현 정부는 급등하는 부동산 가격을 잡겠다고 부동산 규제를 강화했는데, 역효과가 나타나 임기 5년 동안 서울 아파트 가격이 56% 이상 상승해서 역대 정부 중에서 부동산 가격이 가장 많이 올랐다.

출범하는 이명박 정부로서는 직면한 글로벌 경제 위기뿐만 아니라 부동산 가격 안정 또한 시급한 상황이었다.

이런 와중에 국토해양부에서 사찰(寺刹) 실종 사건이 발생했다. 수도권 교통정보시스템 '알고가'에서 사찰에 대한 정보가 누락되어 불교계의 항의가 거셌다. 조사해 보니 '알고가'에 지리정보시스템(GIS: Geographic Information System)를 제공한 민간 업체 한국공간정보통신에서 버스연합회에서 업데이트한 지도를 이용해서 시범 서비스 및 보완 작업을 하는 과정에서 누락한 실수라고 했다. 그런데 하필이면 누락된 정보가 교회가 아니고 사찰인 것이 화근이 되었다.

인수위 때부터 장로 대통령을 문제 삼아 소망교회 인맥을 공격하고, 특정 종교 편향을 성토하며 목소리를 높이고 있는 중에 사찰이 지도에서 실종된 사건이 발생했으니 난감했다.

화재가 나면 초기에 발 빠르게 진압해야 효과가 크다고 하는데, 불교계와 인연이 있는 이재홍 도로 정책관(훗날 파주 시장 역임)을 앞세우고 남양주 운악산 자락에 있는 봉선사 밀운(密耘) 스님을 찾아 자초지종을 설명했다. 밀운 스님은 봉은사 주지와 조계종 대종사를 지낸 원로 의원으로 시국에 대한 식견이 남달랐다. 밀운 스님은 자승 스님(제33대, 34대 조계종 총무원장 역임)을 만나보라고 소개했다. 자승 스님을 만난 후에 이재홍 정책관과 함께 발 빠르게 전국의 주요 사찰을 돌면서 이해를 구하고 큰 마찰 없이 사태를 조기에 수습했다. 불교계가 더 이상 문제 삼지 않자 언론도 잠잠해졌다. 사건이 확대되지 않고 빠르게 수습되는 데는 부지런한 이재홍 도로 정책관의 공이 컸다.

사건이 확대될 것을 우려했던 청와대는 국토부의 발 빠른 대처에 안도했는데, 얼마 지나지 않아 교육과학기술부 교육 지리 정보 서비스 학교 정보 지도에도 사찰 정보가 빠졌다. 동일한 민간 업체의 과실로 밝혀졌지만 이명박 정부로서는 허탈하고 뼈아픈 일이었다.

2008년 9월 15일, 우려했던 최악의 사태가 터졌다.
서브프라임 모기지론(subprime mortgage loan)의 영향으로 미국의 초대형 투자 은행 리먼 브라더스(Lehman Brothers)가 뉴욕 법원에 6,130억 달러(약 660조 원), 역사상 최대 금액의 파산 보호 신청(챕터11)을 하자 소위 리먼 사태라고 하는 제2차 세계 대전 이후 최악의 글로벌 금융 위기가 터졌다.
이로 인해 고점 2,850선까지 올랐던 국내 증시는 1,370선까지 폭락하고, 부동산 가격은 무섭도록 흔들렸다. 그러나 다행스럽게 이명박 정부는 어느 정부보다 실물 경제를 잘 이해하는 정부였다.

국토해양부는 2008년 9월 19일, 국민 주거 안정을 위한 도심 공급 활성화 및 보금자리 주택 건설을 골자로 한 부동산 정책을 발표했다.
대통령의 아이디어를 기초로 만들어진 보금자리 주택은 2009년부터 2018년까지 10년 동안 주거 안정을 위해 수도권에 보금자리 주택 70만 호, 공공 임대 주택 80만 호 총 150만 호를 공급해서 무주택 서민과 저소득층에게 양질의 주택을 저렴하게 공급하겠다는 정부와 대통령의 의지가 반영되었다. 물론 충분한 공급으로 수요를 충족시켜 부동산 가격을 안정시키려는 정부의 의지가 반영된 계획이었다.

사업의 핵심은 신도시 개발과 차별된 직주근접(職住近接)으로 직장과 주거지가 가까운 교통 요지에 살만한 중소형 아파트를 건설한다는 정책이었다. 신도시가 도심 외곽의 대단위 빈 땅에 대규모 주택 단지를 개발하는 방식이라면, 보금자리 주택은 도심 속 그린벨트를 순차적으로 해지해서 신도시보다 교통이 양호한 입지에 한국토지주택공사(LH)를 활용해서 양질의 주택을 시세 분양가보다 15% 이상 저렴하게 공급하는 것이었다. 그리고 그동안 공급된 서민 주택과는 다르게 대상을 청약 저축에 가입한 무주택 서민, 근로자, 신혼부부 등으로 하고, 사전 예약제를 통해 공급하는 방식으로 추진되었다.

보금자리 주택을 시행하기 위해서는 준비 기간이 1년 6개월 필요하다는 보고가 있었다.

한시가 급한 상황에서 국토 계획 국장을 역임한 주무 장관이 보기에는 그럴 만한 사안이 아니었다. 준비 기간을 4개월로 단축시키고, 강남구 세곡 지구, 서초구 우면 지구, 고양시 원흥 지구, 하남시 미사 지구를 시범 지구로 선정했다.

10년 전매 제한 및 5년 거주 의무라는 제한을 두기는 했지만, 직주근접(職住近接)을 기본으로 살 만한 아파트를 주변 시세의 70~80% 선으로 사전 예약 방식의 청약 제도를 도입하자 신혼부부들의 청약 열기가 뜨거웠고, 반값 아파트라고 불리며 빠른 시간에 히트 상품이 되었다.

연 7만 호씩 3년 동안 20여만 호를 공급하자 부동산이 안정되고, 주택 분양 시장의 판도가 바뀌었다. 호황을 누리던 민간 시장의 분양 업체들이 저조한 분양 실적으로 충격을 받았다.

싸고 좋은 공공 분양 주택을 지어 모든 세대주가 집을 소유할 수 있도록 하겠다는 이명박 정부의 보금자리 주택은 성공했다. 그러나 집값이 안정되고, 분양 가격이 현실화되는 것을 비정상으로 보는 세력이 있었다. 박근혜 정부의 출범과 함께 '부동산 시장의 정상화'를 목표로 내건 4·1대책이 발표되면서 서민들의 보금자리 주택의 꿈은 멈췄다.

대통령에게 보금자리 주택 준비 현황을 보고할 때 칭찬의 말은 없었지만 미소가 칭찬으로 느껴져 일하는 코드가 비슷하다는 생각을 했다. 그러나 이명박 대통령을 모시고 일을 해 보니 나라 사랑과 일에 대한 열정, 그리고 추진력은 비교할 수 있는 대상이 아니었다.
다만 한 순간도 긴장을 풀지 않고 사심 없이 공무에 임하는 마음은 같아 보였다.

장관에 임명된 지 1년쯤 지나자 후임을 거론하며 은근히 자리를 흔드는 세력이 느껴졌다. 원래 그런 건가 했지만 나랏일을 잔뜩 벌여 놓고 마음이 편치 않았다.
그러는 중에 동아일보 사설에 철도시설공단의 일로 스치듯 이름이 거론되었다.
내용은 철도시설공단에서 사용하는 체결구, 순화어로는 연결구라고 하는 부품에 대한 내용이었다. 요지는 성능이 우수한 독일 제품을 사용해야 철도가 안전한데, 현 국토해양부 장관이 철도시설공단 이사장 시절에 구매 방법을 영국 제품 등이 포함된 입찰로 바꿔서 국민의 안전이 위협받고 있는데 업체와의 커넥션이 의심스럽다는 내용이었다. 당시 상황은 시설공단에서 독일산 체결구를 사용하고 있었는데 납품 단가가 비싸고, 영국산 등 타사 제품과 비교해서 품질에 큰 차이가 없었다. 더구나 정부 기관에서 단독 납품으로 인해 수급을 관리할 수 없으면 안 되니 공개 입찰로 전환시켰다. 공직자로서 당연한 처사라고 생각했는데 독일산을 공급해 온 회사의 저항이 거칠었다. 감사원에 투서가 들어가서 감사를 받았고 의혹이 해소된 사건이었다. 그리고 사설 내용은 기분은 나쁘지만 모른 척해도 될 수준이었다.

청와대 참모 중에 한 사람이 대통령에게 달려가 보도 내용에 사견을 더해 보고했다.
"당신은 정 장관이 이런 일에 연루될 사람으로 보입니까? 이런 보도가 있으면 청와대가 나서서 장관을 보호해야지 이러면 되겠습니까?"
보고를 받은 대통령은 정정길 비서 실장과 윤진식 경제 수석에게 정 장관의 설명을 들어보라고 지시했다. 청와대에서 대통령 비서 실장 주제로 회의가 열렸고, 출석해서 전후 사정을 설명하니 더 이상 이 일을 거론하는 사람이 없었다. 이렇게 사태가 수습되자 소문이 빠르게 퍼졌다. 청와대 발로 대통령의 신임이 두터운 장관이라는 소문이 나자 은근히 흔들려던 세력은 숨었고, 이후 장관 직무를 수행하는 데 큰 힘이 되었다.

경인 아라뱃길

이명박 정부는 큰 표 차이로 정권 교체에 성공했지만, 좌파 정권 10년을 극복하는 건 쉽지 않았다. 사사건건 극렬한 시비에 휘말렸다.

논리와 실용을 중시하는 이명박 정부와는 달리 청계천 효과로 정권을 빼앗겼다고 생각하는 세력들은 한반도 대운하에 대한 이성적인 논리와 토론은 의미가 없었다. 정권 초반에 기세를 꺾기 위해 반드시 막아야 할 적대적인 사업일 뿐이었다. 국가 발전을 위해 논리적으로 설득하고, 토론으로 해결하려고 하면 할수록 선전과 선동이 거세졌다.

"대중이란 작은 거짓말보다 더 큰 거짓말에 속는다." 라고 했던 나치 독일의 정치인 괴벨스식 선동이 실체 없는 어둠의 세력처럼 소리 없이 대중 속으로 스며들었다. 어느 시대나 정치인들은 국가와 국민을 앞세우고 말하지만, 그들이 말하는 국가와 국민은 우리가 알고 있는 것과는 달랐다.

한반도 대운하는 1995년도에 삼성그룹과 포스코에서 낙동강 운하가 경제성이 있다고 판단해서 민자 사업으로 추진할 뜻을 내비친 적이 있는 사업이었다. 핵심이 되는 경부 운하는 대운하 중에서 가장 길고 물동량이 집중되는 구간으로 212km 한강 구간과 288km 낙동강 구간이 만나는 조령산에서 40km의 인공 수로를 만들어 연결하고, 하상이 낮은 구간은 준설해서 540km에 이르는 물길로 경부 운하를 건설할 계획이었다.

15조~16조 전후로 예상되는 건설 비용은 준설 과정에서 발생하는 골재를 팔아 공사비의 56%를 충당하고, 나머지는 민간 자본을 유치해서 국가 예산이 최소화 되도록 계획되었다.

세종연구원은 경부 운하가 건설되면 2020년까지 경부축 물류의 20%와 수도권 벌크 화물(시멘트, 유연탄 등)의 40%까지 흡수가 가능하다는 연구 결과를 내놓았다.

운하가 개통되면 450개 이상 컨테이너를 실을 수 있는 5,000톤급 바지선 한 척이 경부 고속 도로에서 컨테이너

트럭 450대가 동시에 달리는 수송 효과로 녹색 교통을 기대할 수 있었다. 컨테이너 화물과 벌크 화물 수송의 육로 화물 운송 비중을 크게 줄이고, 물류 비용을 1/3 수준으로 경감하는 물류 혁명이었다. 뿐만 아니라 치수(治水)와 지역 관광 활성화가 가능했다.

당시 한국의 GDP 대비 물류 비용은 12.7, 12.5%로 일본 8.44, 8.3%, 미국 8.42, 8.25%보다 1.5배나 더 높은 수치로 2003년 기준으로 90조 3,450억 원의 막대한 물류비가 지불되었다. 그러니 한반도 대운하는 경부 고속 도로 수개 더 건설하는 것보다 효과적인 수송 혁명이었다.

그러나 반대하는 사람들이 많았다. 언론에서는 연일 매체에 따라 찬성과 반대하는 기사가 전면에 실리고, 일부 환경 단체에서는 한반도 대운하 백지화를 주장하며 투쟁에 나섰다. 뿐만 아니라 육로 운송 업체들과 야당 정치인들은 반대 투쟁을 부추겼다.

이러는 와중에 광우병 사태가 터졌다. 광우병은 노무현 대통령 집권 말기인 2007년 중반, 한미 FTA 협상에서 처음 등장했다. 그리고 2008년 4월 18일, 이명박 정부에서 미국산 소고기 수입에 대한 협상을 체결하자 논란이 점화됐다. 논란의 핵심은 미국산 소고기의 연령 제한과 특정 부위의 수입 금지였다. 그런데 특정 방송국에서 미국산 소고기와 광우병의 연관성에 대해 과장 및 왜곡 보도를 집중적으로 하는 동시에 인터넷에서 미국산 소고기에 대한 괴담을 무분별하게 유포하면서 대규모 집회로 연결되었다.
미국산 소고기를 먹으면 당장은 괜찮지만 시간이 지나면 어린 자녀들이 광우병에 걸려 미치게 된다고 선동하자 집회 현장에 유모차가 등장했다. 어떤 여배우는 집회장 무대에 올라 "미국산 소고기를 먹느니 차라리 청산가리를 먹겠다!"고 목소리를 높였다.
시민들에게 양질의 소고기를 저렴하게 먹을 수 있도록 하겠다는 대통령의 순박한 바람은 정치 목적이 다른 세력의 선동에 의해 6월 10일 대규모 집회로 확산되었다. 취임한 지 4개월이 채 되지 않은 이명박 정부는 6월 18일 대국민 사과 성명을 통해 사태를 진정시켰다.
이때 대선 공약이었던 대운하 사업도 국민이 반대한다면 추진하지 않겠다고 물러서면서 한반도 대운하는 중단되었다.

사건의 본질을 알고 있는 국무 위원으로서는 안타까운 일이었다.
철도시설공단 이사장으로 철도 기술 수출을 위해 중국 철도를 방문했을 때, 일정이 주말을 끼고 있어 양쯔강 페리를 이용해서 다음 도시로 이동한 적이 있었다. 세계에서 세 번째, 아시아에서 가장 길다는 양쯔강은 하류로 갈수록 오가는 배가 가득했다. 물론 중국의 산업화와 특성상 수질 관리를 제대로 하지 않아 곤욕을 치르겠지만, 유사 이래로 강을 수운(水運)으로 활용하는 장면이 인상 깊었다.
한반도 대운하는 양쯔강과는 달리 첨단 기술이 도입된 계획이었다. 강을 운송 수단으로 활용해서 철도나 고속 도로를 수개 이상 세우는 경제 효과와 강을 정비하고 수질을 개선해서 자연과 환경을 살리는 녹색 효과를 기대했다. 그러나 한반도 대운하는 멈췄고, 경인 운하는 진행되었다.

서울과 인천 바다를 잇는 경인 운하 건설은 고려 고종 때 처음 시도되었고, 조선 중종 때 다시 도전했지만 실패했다는 기록이 있는 오래된 숙원 사업이었다.
근대에 들어 이 지역을 흐르는 굴포천 일대 저지대는 오랫동안 홍수 피해가 잦았다.
굴포천 유역의 인천 계양과 부평, 경기 부천과 김포 지역은 40%가 한강 홍수위 이하의 저지대로 홍수시에는 한강 수위가 굴포천 수위보다 4m 이상(100년 빈도) 높아 자연배수가 불가능한 상태였다. 그러다 1987년 7월, 굴포천 일대에 닥친 대홍수로 인명과 재산 피해가 대규모로 발생하자 대선 공약에 경인 운하 건설이 등장했다.
대선에서 승리한 노태우 정부는 1991년 굴포천 방수로 사업 기본 계획을 수립했고, 김영삼 정부는 1995년 경인 운하 사업으로 변경하면서 민자 투자 대상 사업으로 지정했다. 그러나 공사는 지지부진했고 2002년 김대중 정부에서 하천의 물을 바다로 흘려 보내는 방수로 공사를 추진했지만, 방수로는 홍수 발생시에만 사용하는 임시 수로로 노무현 정부는 2004년 7월 운하 사업을 전면 중단시켰다.

이렇게 우여곡절을 거친 경인 운하는 역사가 말해 주는 것처럼 국가 발전과 시민들을 위해 여러모로 꼭 필요한 숙원사업이었지만, 대통령의 결단과 주무 부처의 시행 능력이 요구되는 어려운 사업이었다.

한반도 대운하의 중단으로 경인 운하에 대한 국민의 시선은 우호적이지 않았다.

'경인 운하'를 '경인 아라뱃길'로 이름을 바꿨다. 바다의 고어(古語)라고도 하고, 민요 아리랑의 후렴구에 나오는 '아라리오'에서 따온 말이라고도 하는 '아라'를 응용한 '경인 아라뱃길' 사업 계획을 보완해서 한국개발연구원(KDI)에 타당성 용역을 의뢰했다.

한국개발연구원의 보고서를 기초로 2008년 12월 국가 정책 조정 회의에서 사업 추진을 확정하고, 시행은 한국수자원공사 경인아라뱃길건설단에서 주관하도록 했다.

경인아라뱃길건설단은 2009년 1월 기본 계획을 수립하고, 3월부터 방수로와 김포터미널을 연결하는 수로를, 6월부터 교량과 갑문 등 주요 공정을 착공했다. 주(主) 운수로는 김대중 정부에서 완공한 14.2km 굴포천 방수로를 활용하고, 한강 방향으로 3.5km를 추가했다. 총 사업비 2조 2458억을 투입해서 서울특별시 강서구 행주대교 인근 아라 한강 갑문에서 김포시를 지나 인천광역시 서구를 흘러 서해안으로 연결되는 총 18.7km의 경인 아라뱃길 건설이 한창 진행되고 있는 중에 반가운 소식이 들렸다.

오세훈 서울 시장이 김포와 여의도(용산) 사이 한강 15km를 아라뱃길과 연계해서 여의도에 서울항을 만들겠다는 내용이 포함된 '한강 르네상스 프로젝트'를 발표했다.
서울과 인천을 연결하는 경인 아라뱃길은 이를 활용해야 하는 서울 시장과 인천 시장의 관심이 절대적인데, 한발 앞선 오세훈 시장의 서울항 구상은 환영할 만했다. 예를 들어 컨테이너 화물선이 오갈 수 있는 아라뱃길을 이용해서 제주도 특산물이 인천항에서 하역하지 않고 서울항으로 직접 들어오면 운송 비용 절감은 물론 창고료와 신선도에서 경쟁력이 있고, 경인 구간의 육로 교통 체증을 줄일 수 있었다. 뿐만 아니라 여객선을 띄우면 서울시가 배를 타고 바다를 오가는 항구 도시가 될 수 있으니 크게 기대되는 구상이었다.

그러나 예상치 못한 변수가 발생했다. 2011년, 오세훈 시장이 서울시의회에서 제정한 전면 무상 급식 조례에 반대하고, 하위 50% 학생을 대상으로 단계적 무상 급식을 주장하며 한명숙 후보에게 힘겹게 이기고 차지한 서울 시장직을 주민 투표에 걸어 버렸다. 주변의 만류에도 불구하고 끝내 소신을 굽히지 않은 오 시장은 주민 투표율이 33.3%를 넘지 못해 투표함도 개봉하지 못하고 서울 시장직을 사임했다. 사임과 동시에 오세훈 전임 시장이 추진하던 한강 르네상스를 포함한 모든 사업이 중단되었다.

보궐 선거가 열리고 안철수 의장에게 양보 받은 시민 사회운동가로 알려진 박원순 변호사가 당선되면서 국정 운영에 심각한 변수가 발생했다. 박원순 신임 서울 시장은 한반도 대운하를 앞장서서 맹비난하고, 본인이 소속된 참여연대 건물 1층에 광우병국민대책본부 사무실을 마련하고 광우병 촛불 집회를 주도한 인물이었다.

2012년 5월 25일, 우리나라 최초의 내륙 운하 아라뱃길이 개통되면서 서울에서 인천까지 뱃길이 열었다. 개통식에 이명박 대통령과 김문수 경기도지사 그리고 송영길 인천 시장이 참석했지만 정작 아라뱃길을 활용해야 하는 박원순 서울 시장은 참석하지 않았다.

아라뱃길 준공으로 상시 침수 지역이던 부천시 등 수로 양단의 저지대 주민들은 홍수로부터 보호를 받았고, 인천 터미널과 김포터미널이 세워지고 대단위 배후 단지가 조성되면서 낙후 지역이 활성화되었다. 수로가 지나가는 좌우에 자동차 도로와 산책로가 조성되고, 공원은 물론 접근성이 좋은 편도 18.2km의 자전거길(아라 바람길)이 서울 자전거길과 연결되면서 많은 시민들이 자전거로 서울을 오가며 출퇴근을 했다.

그러나 이명박 정부의 반대편에 있는 박원순 시장이 이끄는 서울시와 좌파 운동권 출신 송영길 시장의 인천시 사이를 잇는 경인 아라뱃길의 기능이 좌파 이념 우선 주의자들에 의해 폄하되었다. 오해일지 모르지만 좌파 이념 우선주의 세력들에게 경인 아라뱃길은 시민들의 혜택보다는 활성화돼서는 안 되는 이명박 정부의 운하일 뿐이었다.

시간이 흘러 오세훈 서울 시장이 돌아오고, 경인 아라뱃길 또한 본연의 기능이 활용되기 시작한다는 소식이 들렸다. 역시 제대로 된 나라를 건설하는 데는 많은 시간과 노력, 그리고 지속적인 설득이 필요한가 보다.

세 번째 활주로와 3단계 건설

장관이 되어 인천국제공항을 둘러보니, 항공 국장 때 영종도 공항 부지 조성의 첫 삽을 뜨면서 잉태되었던 인천국제공항은 최고의 공항이라는 칭송을 받으며 성장하고 있었다. 여의도 면적의 18배에 달하는 공항 부지를 조성하면서 어려움이 많았지만, 신이 내린 공항 부지라는 평가를 받은 영종도에 세워진 인천국제공항이었다.

2001년 3월, IMF를 극복하며 활주로 2본과 제1여객터미널로 개항한 인천국제공항은 항공 업계 평가 회사인 스카이트랙스(Skytrax)의 국제 공항 순위에서 3~5위를 다투고, 국제공항협의회(ACI)가 주관하는 세계 국제 공항 서비스 평가(ASQ)에서 세계 최고 품질의 서비스를 제공하는 공항으로 개장 이후 연속으로 선정되는 등 빠르게 성장하면서 초기 시설로는 수요를 감당하기 어려운 상태가 되어 가고 있었다.

주무 장관으로서 2008년 6월 20일, 세 번째 활주로와 탑승동을 개장하고 2단계 건설을 완공했다. 신설된 세 번째 활주로는 지구 온난화로 20-30년 이내에 평균 기온이 3도 정도 올라갈 것으로 예상하고, 1, 2번 활주로 길이를 3,750m 보다 250m를 늘여 4,000m 활주로로 건설됐다. 기온이 올라갈수록 활주로의 공기 밀도가 떨어져 비행기가 추진력을 얻기 위해서는 더 빨리, 더 오래 달려야 비행기를 띄울 수 있다.

사막에 있는 두바이 국제공항의 활주로에 비해서는 짧지만, 우리나라 기온에는 충분한 길이의 활주로를 만들었다. 인천국제공항의 3번 활주로 끝에는 활주로 방향으로 방위각 160도와 반대 방향 340도를 표현하는 16L/34R 간판이 세워지고 거대한 비행기들이 쉴 새 없이 뜨고 내리기 시작했다.

항공 정책 과장, 국제 항공 과장, 항공 국장으로 이어온 항공과의 인연은 주무 장관으로서 다시 시작되었다. 인천국제공항은 빠른 성장으로 제2여객터미널이 시급했다. 3단계 건설 사업으로 제2여객터미널을 기획하고 승인했다. 인천국제공항 건설 기본 계획(3단계) 변경을 고시하고, 기본 설계 용역을 착수시키고, 자연 채광과 친환경을 강조한

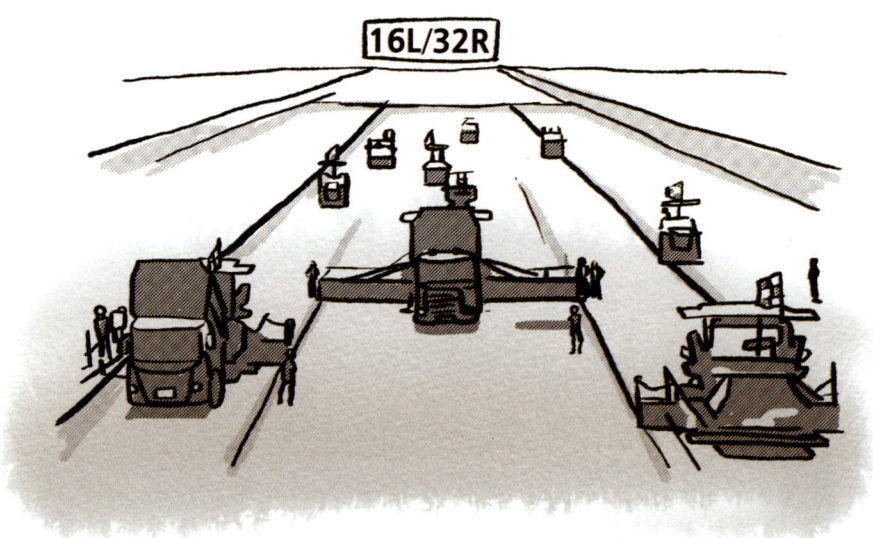

항공 정책 과장, 국제 항공 과장, 항공 국장으로 이어온
항공과의 인연은 주무 장관으로서 다시 시작되었다.
인천국제공항은 빠른 성장으로 제2여객터미널이 시급했다.
3단계 건설 사업으로 제2여객터미널을 기획하고 승인했다.

제2여객터미널을 3단계 건설 사업으로 승인했다.

공항은 첨단 시설과 친절한 서비스가 필수지만 그 무엇보다 안전이 우선이다.

안전 실태를 파악하니 1990년대 초, 세계적으로 항공기 사고가 잇따르자 유엔 산하 국제민간항공기구(ICAO)에서 전 세계를 대상으로 국제 기준의 국가별 이행 수준과 안전 관리 체계를 평가하는 항공 안전 종합 평가(USOAP) 제도가 만들어졌다. 1999년부터 2004년까지는 항공 종사자 자격관리, 운항, 항공기 안전성 유지 등 3개 분야를 평가했지만, 2005년도부터는 항공 관련 법령, 조직, 공항 시설, 사고 조사 등으로 확대해서 평가하고 있었다.

한국은 97년 8월, 괌 아가나 국제공항에 착륙하던 대한항공 801편 비행기가 추락하면서 228명의 사망자가 발생했고, 이 사건 이후에도 2년 동안 항공 사고가 5건이나 발생했다. 이 여파로 2001년도 ICAO 항공 안전 종합 평가에서 79.79%로 조사 대상 162개 회원국 중에서 53위를 해서 북한보다도 한 단계 낮은 충격적인 결과를 받았다.

뿐만 아니라 미국연방항공청(FAA)으로부터 항공 안전 2등급을 받아 국적 항공사 편명 공유 제한, 미주 노선 증편 불가, 미국 군인 및 공무원의 한국 국적기 이용 금지 등의 수모를 겪었다. 항공 안전 불감증이 초래한 결과였다.

정부는 2002년, 한일월드컵(2002. 5. 31~6. 30)을 마치고, 그해 8월 건교부 내에 항공 안전 본부를 설치하고 항공 안전 감독관제를 도입했다. 항공 안전 본부는 ICAO 국제 기준과 국내 법령을 조항 별로 비교 분석해서 실시간으로 관리가 가능하도록 하는 국제 항공 안전 규정 관리 시스템(SMIS)을 2006년 국내 IT 기술로 독자 개발하고, 항공 전문가 교육 및 안전 감독 활동을 전산 정보망으로 관리하는 항공 안전 종합 정보 시스템을 도입했다. 그리고 민간 항공 회사들에게 항공 안전 노력에 동참하도록 독려했지만 괄목할 만한 성과는 내지 못하고 있었다.

홍순만 생활 교통 본부장(훗날 한국철도공사 사장 역임)을 항공 안전 본부장으로 발탁하고, 본부의 위상을 한 단계 격상시켰다. 부서 격상에 일부 직원들의 반대가 있었지만 수송 조정 과장 때부터 지켜본 홍순만 본부장은 결과를 만들어 내는 탁월한 인재였다.

항공 안전 감독관 54명과 운항 심사 관리관 11명으로 조직을 강화하고, 국내 IT 기술로 개발한 국제 항공 안전 규정 관리 시스템(SMIS)과 항공 안전 종합 정보 시스템을 적극 활용하고, 민간 항공 회사를 독려하면서 항공 안전 시스템 구축에 박차를 가했다.

얼마 지나지 않아 결과가 나왔다. 유엔 산하 국제민간항공기구(ICAO)에서 190개 회원국을 대상으로 실시한 항공 안전 8개 분야 9,608개 항목의 안전 관리를 평가하는 항공 안전 종합 평가(USOAP)에서 항공 안전 국제 기준 이행률 98.82%로 무결점에 근접한 1위를 차지했다. 이로 인해 대한민국은 세계 최고 항공 안전 국가로 격상되었지만, 항공 안전은 단 한 번의 실수도 용납되지 않는다.
항공 안전 본부의 지속적인 안전 업그레이드로 인천국제공항은 개항 이후 무사고, 무중단, 무결점 글로벌 허브 공항의 명성을 이어가고 있다.

4개의 섬이 옹기종기 모여 있던 영종도 펄 위에 많은 분들의 헌신으로 건설된 인천국제공항은 2018년 기준으로 상주 인원이 7만여 명에 달하고, 국제 여객 세계 5위, 국제 화물 세계 3위, 세계 공항 서비스 평가(ASQ) 12년 연속 1위, 하루 유동 인구가 30여만 명에 달하는 글로벌 허브 공항으로 미래 수요 예측에 성공한 한국 공항 건설의 자부심이자, 러시아인으로 위장해서 입국한 북한 공작원이 인천국제공항의 친절과 시설을 보고 감동해서 자수를 결심했다는 대한민국의 첫 인상이 되었다.

속도 혁명

고속 철도는 속도 혁명이라고 불렸다.

김황식 국무총리와 허남식 부산 시장 등 정 관계 인사들이 참석한 가운데 경부 고속 철도 2단계(동대구-부산 128.5km) 개통식을 2010년 10월 28일 부산역에서 열었다. 이날 행사는 대구-부산 구간의 개통으로 신설된 오송역, 김천(구미)역, 신경주역, 울산역에서 동시에 진행됐는데, 철도 교통의 오지로 불리던 경주 및 울산 지역이 반나절 생활권에 편입되는 날이기도 했다.

뿐만 아니라 한국 철도 역사에 또 하나의 쾌거가 있었다. 현대로템에서 프랑스 TGV의 흔적을 지우고 독자 기술로 개발한 KTX-산천이 처음 투입되었다. 산천어(山川魚)에서 이름을 따온 KTX-산천은 20량짜리 KTX와는 달리 10량 1편성으로 기동성을 배가시켜 배차 간격을 크게 줄이는 한국 고속 철도의 쾌거였고 고속 철도 국산화의 신호탄이었다. 철도 산업과 깊은 인연이 있는 장관으로서는 자랑이고 보람이었다.

이 무렵, 정부는 서울특별시 강남구 삼성동 소재 코엑스(coex-seoul)에서 2010년 11월 11-12일에 열리는 'G20 SEOUL SUMMIT 2010' 준비에 한창이었다. 제5회 G20 정상 회의는 非 G7 국가로서는 처음으로 한국에서 열리게 되어 성장한 대한민국의 위상을 실감할 수 있었다.
G20 정상 회의는 미국의 초대형 투자 은행 리먼 브라더스(Lehman Brothers)가 2008년 9월 15일 뉴욕 법원에 6,130억 달러(약 660조 원), 세계 최대 규모의 파산 보호 신청(챕터11)을 하면서 촉발된 역사상 최악의 글로벌 금융 위기에 대처하기 위해 G20 재무장관 회의를 정상급 회의로 격상한 회의였다. 그런 와중에도 대한민국은 1인당 국민 소득 20,000달러 시대를 회복하며 G20 국가 중에서 가장 빠르게 리먼 사태에서 빠져나오고 있었지만 세계 경기 침체는 여전히 위협적이었다.

G20 정상 회의에서 일본, 독일, 프랑스, 스페인에 이어 세계 5번째로 상용화된 대한민국 고속 철도는 자랑이 됐다. 그러나 실무에 참여했던 공직자로서는 아쉬움이 많은 경

부 고속 철도 개통이었다.

1980년대 초에 수송 조정 과장으로 타당성 용역을 하면서 경부 고속 철도와 첫 인연이 되었다. 당시 필요성은 도출되었지만 기술과 예산 문제로 실행되지 못하다가 노태우 정부 때 국책 사업으로 지정되어 총 사업비 5조 8천 400억 원에 공사 기간 6년을 예상하고 1992년 6월에 착공했다. 그러나 IMF 외환 위기로 인해 기본 계획이 1단계(서울-대구), 2단계(대구-부산)으로 변경되고, 공사가 예정대로 진행되지 못해 12년이 지난 2004년 4월 1일 한국철도시설공단 이사장으로 서울-대구 경부 고속 철도 1단계 개통을 했다. 그리고 다시 6년이 지나 총 사업비 20조 7,282억 원을 투입하고 18년의 공사 기간을 소요하고 나서야 단군이래 최대 국책 사업이라고 하는 서울역에서 부산역까지 417km 경부 고속 철도를 주무 장관으로서 개통했다.

개인적으로는 영광이고 행운이지만, 공직자로서는 초기 계획보다 3배 이상 지연된 공사 기간과 3.5배 이상 늘어난 사업비로 PM(사업 관리)에 실패한 국책 사업이었다.

한국교통연구원은 2단계 개통으로 서울-부산간 운행 시간이 2시간 18분대로 기존보다 22분 단축되어 일일 이용객이 10.6만 명에서 13.5만 명으로 27% 이상 증가할 것으로 예측하고, 이로 인해 부가되는 효과를 상세히 보고했다.

그러나 교통 혁명으로 불리는 고속 철도 시대는 시작에 불과했다.

국토해양부는 2014년까지 경부축에 남아 있는 대구, 대전 41km 도심 구간과 호남 고속 철도 오송-광주송정 230.9km 건설을 추진하고, 수도권 고속 철도 수서-평택 61.1km의 건설을 추진하면서 전 국토를 KTX 90분 시대로 만들기 위한 계획을 수립하고, 전국을 속도 혁명의 시대로 열고 있었다.

이명박 정부는 '2012년 여수엑스포'를 추진하면서 호남 지역 발전을 위해 막대한 예산을 투입해서 인프라를 구축했다. '살아 있는 바다, 숨쉬는 연안'이란 주제로 개최되는 여수엑스포는 '1993년 대전엑스포'와 여러 가지 면에서 차이가 있었다. 대전엑스포에 비해 규모가 작은 여수엑스포는 인정 박람회로 원도심 재개발을 겸해서 추진되었는데 가장 큰 문제는 접근성이었다.

대전은 수도권과 2시간 이내 거리에 있고, 교통 인프라가 잘되어 있어 수도권 관람객을 유치하는 데 용이했는데, 여수는 남해 연안 도시로 가장 많은 관람객이 있는 수도권과 지리적으로 멀 뿐 아니라 교통 인프라도 낙후되어 있었다.

이명박 정부는 고속 도로를 신설하고, 전라북도 익산에서 여수를 잇는 185.7km 전라선을 고속 철도화했다. 전 구간을 단시일에 고속화하기에는 역부족이었지만, 2011년 10월 5일 용산역에서 익산역을 거쳐 여수엑스포역까지 KTX 고속 철도를 운영하면서 기존 새마을호보다 1시간 39분을 단축시켰다. 공직에 있는 동안 서울-목포 호남선 고속 철도에 이어 서울-여수간 전라선 고속 철도를 개통했으니 호남 지역 철도와는 인연이 깊었다.

특이한 점은 호남 지역 고속 철도를 건설할 때마다 조금 더를 요청해야 하는 호남을 기반으로 하는 정당의 한 중진 의원이 경제성을 이유로 반대했다.

해양과 수산

1996년 2월, 일본 정부가 도발적인 독도 탈환 외교를 천명하면서 독도 영유권 분쟁을 일으켰다. 전쟁이 아니고서는 이웃나라의 땅을 빼앗을 수 없는데도, 정치적인 목적으로 침탈과 탈환이라는 험악한 단어를 외교 무대에 던졌다. 이에 김영삼 정부는 1996년 5월, 영해 수호와 해양 발전을 강화하겠다는 의지로 건설교통부 소속이던 해양항만청과 농림수산부 외청이던 수산청 등 13개 부처로 분산되어 있던 해양과 수산 관련 업무를 통합하여 해양수산부를 신설했다.

그러나 해양과 수산은 바다라는 공통점은 있지만 업무의 성격은 크게 달랐다.

해양(海洋)이 해양 자원의 개발과 해양 과학 기술 진흥을 주도하고, 해양 안전 심판과 해운업 육성, 항만 건설 등 미래 지향적인 업무라면, 수산(水産)은 국토의 연안을 살피며 수산 자원을 관리하고, 수산업 진흥 및 어촌 개발 등 수산물 유통에 전문적인 업무가 많았다.

이에 작은 정부를 지향한 이명박 정부는 출범과 함께 해양 업무를 건설교통부로 이관하여 국토해양부로, 수산 업무를 농림식품부로 이관하여 농림식품수산부로 개편했다. 이에 따라 국토해양부 장관은 건설, 교통, 해양 업무를 관장하게 되었다.

사실 해양 관련 업무는 1976년에 교통부 해운국과 건설부 항만시설국이 통합되어 1996년까지 건설교통부 외청 해운항만청에서 주관했다가 다시 친정으로 돌아왔으니 낯선 업무는 아니었다.

사실 농촌 출신이라 해양 문화를 접할 기회가 적었는데, 세계적인 항구 도시 시애틀에서 유학하면서 해양이라는 매력을 접했다. 유학하는 중에 해양에 대한 호기심으로 전공과는 무관하지만 세계적으로 유명하고, 최장현 해양 담당 제2차관이 이수했다는 워싱턴 대학교(UW)의 해양 관련 수업을 들었던 추억이 있다.

삼면이 바다로 되어 있는 거북선의 나라는 해양 산업 분야에서 발전 가능성이 높았다.

그러나 당장은 리먼 사태로 촉발된 글로벌 금융 위기 상황에서 고민해야 할 문제가 많았다. IMF 외환 위기 때, 우리가 보유한 선박을 헐값에 다량 매각하는 바람에 경기가 회복되자 해운 업체가 선박 부족으로 애를 먹었다. 이를 교훈 삼아 해운 업계 유동성 지원을 목적으로 한국자산관리공사(KAMCO)와 은행이 주축이 된 선박 펀드를 활성화했다. 선박 펀드로 유동성 자금에 어려움이 있는 해운 업체가 보유한 선박을 시가로 사들이고, 선주가 원하면 세일&리스 백(Sale & Lease back) 방식을 통해 배를 빌려주고 용선료를 받았다. 그러다 선주가 원하면 다시 소유권을 이전해 주는 방식으로 선박의 해외 유출을 막았다.

해양 산업은 발전 가능성이 높은 분야이고 이미 큰 성과를 거두고 있었지만, 국제적인 위상은 오랜 해양 선진국들에 비해 현저히 낮았다.

장관에게 주어진 임무 중에 하나는 인재를 발굴해서 국가 발전에 기여할 수 있는 기회를 제공하는 것이라고 생각했다. 나에게도 그런 기회를 주신 장관들이 있었고, 그러다 보니 어디를 가나 유능한 직원들을 눈여겨 보았는데 결국 나랏일도 사람이 하는 것이었다.

해양 쪽에도 인재가 많았다. 그중에 국제 감각이 탁월한 임기택 해사 안전 정책관이 눈에 띄었다. 주영대한민국대

사관 공사 참사관을 지내고 돌아왔는데, 이전에도 영국에 본사를 둔 유엔 전문 기구 국제해사기구(IMO)에 파견되어 국제해사기구(IMO) 협약 준수 전문 위원회 의장과 외교관단 의장을 지내기도 했다.

늦지 않게 2급 해사 안전 정책관에서 1급 중앙 해양 안전 심판원장으로 발탁했다.

중앙 해양 안전 심판원은 해난 사건을 심판하는 합의제 행정 기관으로 법원의 고등 법원에 해당하는 판결을 하는 기관이다. 임기택 원장은 이후 부산항만공사 사장을 지내고 2016년, 175개국이 가입한 UN 산하 국제해사기구(IMO)의 사무총장이 되었다.

IMO는 전 세계적으로 적용되는 해운과 조선 관련 50개국의 국제 협약을 관장하고, 각종 기준을 제정함으로써 우리나라는 물론 전 세계 해운과 조선 사업에 막강한 영향력을 행사한다. 본인 노력의 산물이지만, 조국의 위상이 뒷받침되지 않고는 이룰 수 없는 성취였다.

임기택 사무총장이 세계 해양 대통령으로 불리는 IMO 사무총장의 1기 임기를 마치고, 연임에 성공해서 2기 임기를 수행하고 있다고 하니 인재를 알아본 보람과 기쁨이 컸다.

세종시 수정안

대통령이 되려는 정치인들의 국정 인식은 선거의 유불리에 집중되어 있었다.
제16대 대통령 선거에 나선 새천년민주당의 노무현 후보는 약세 지역으로 분리되던 충청권을 겨냥해서 승부수를 던졌다. 충청권에 신도시를 건설해서 청와대와 중앙 부처를 옮기겠다는 천도(遷都)를 공약으로 대통령에 당선되었다.

노무현 대통령은 2003년 12월 19일 '신수도의 건설을 위한 특별 조치법'을 16대 국회에서 가결시켰지만, 2004년 10월 21일 헌법재판소 전원 재판부는 단순 위헌 결정을 선고했다.
이로써 해당 법안은 효력을 상실했고, 행정 중심 복합 도시 건설로 대체되어 2007년에서야 착공에 들어갔다.

행정 중심 복합 도시 건설의 명분은 수도권의 지나친 인구 집중에 따른 부작용을 해소하고, 중앙 행정 부처 중에서 9개부, 2처, 2청을 이전해서 국가 경쟁력을 강화한다는 계획이었다. 그러나 서울시 인구는 이미 1,000만 명선이 무너지고, 이동 인구를 경기도가 순차적으로 잘 흡수하고 있었다. 이뿐 아니라 행정 부처의 이전으로 당초 목표였던 경쟁력 있는 50만 도시를 건설하는 것은 불가능했다.

국가 발전 실용주의를 지향하는 이명박 정부로서는 수정이 불가피했다.

중앙 부처를 세종시로 옮겨 수도권 인구를 분산하겠다는 효과는 미미했고, 중앙 정부의 행정 능력 약화와 공백이 크게 우려되었다. 임기가 보장되지 않는 정무직 장차관을 비롯한 처장과 청장, 그리고 간부들은 세종시 정착에 미온적이었고, 상급자들은 국회와 청와대가 있는 서울에서 주로 시간을 보내게 될 테니 업무 효율이 크게 떨어졌다.

이에 이명박 정부는 2010년 1월 11일, 세종시 수정안을 발표했다.

수정안의 핵심은 행정 부처 이전을 통해 정부 기능 및 아파트 중심의 행정 중심 복합 도시를 건설하겠다는 원안을 국제 과학 비즈니스 벨트 거점 지구로 기초 과학 연구소,

융합 복합 연구원 등 세계 수준의 과학 연구 비즈니스 환경을 조성하는 한편 고려대, 카이스트 등 국내 우수 대학 4-5곳과 반도체 산업 등 첨단 녹색 기업들이 참여하는 기업, 교육, 과학 중심의 도시로 수정하는 안을 만들었다. 한마디로 요약하면 행정 도시에서 교육, 경제 도시로 수정한 것이다.

세종시 목표 인구를 50만 명에서 40만 명으로 줄이고, 세종시 인근 지역에서 10만 명을 수용하는 계획을 세웠다. 수정안은 고용 인구에서도 기업과 대학, 연구소 등 신규로 창출되는 인원과 자족 기능의 유치로 초기에 유입되는 거점 인구가 원안보다 3배 이상으로 예상되었다. 뿐만 아니라 원안은 2030년까지 단계적 개발을 목표로 했지만, 수정안은 개발 기간이 길면 산업 인프라 간 효율성이 떨어지고, 민간 투자 유치에도 부정적인 영향을 줄 수 있어 2020년까지 집중 개발을 명시했다.

공직자가 국가 발전을 위해 국책 사업의 타당성을 검토하고 고심하는 문제는 당연하지만, 본질과 벗어난 주장을 고집하는 정치권과의 대면은 피곤한 일이었다.
누구나 나라 발전을 위해 일하다 보면 방법과 생각이 다를 수 있다. 그러나 최소한 국가 발전을 위해 일한다는 목적은 같아야 하는데, 정치권과 연결되고 실무 경험이 전무한 이론가들은 목적이 다른 엉뚱한 주장을 고집했고, 일부 정치인들은 말끝마다 국민을 앞세우며 본인의 정견을 그럴듯하게 포장하지만 사업의 결과는 한참 후, 혹은 선거 이후에나 드러나는 것이니 결과는 알 바 없이 표심의 향방에 따라 움직였다.

국책 사업이란 추진 과정과 결과물이 중요한데, 정치 성향의 이론가들에겐 본인의 주장만이 진리였고, 정치권의 잠룡(潛龍)들에겐 충청권 표심이 전부였다.

세종시 수정안은 국회에서 내용에 관한 시비보다 대통령을 꿈꾸는 대선주자들의 정치적 유불리에 따라 차이를 보였다. 정운천 국무총리가 앞장서서 국회 통과를 주도했지만, 리얼미터에서 실시한 여론 조사는 같은 당 소속의 박근혜 전 대표와 이회창 자유선진당 총재, 그리고 야당의 유시민, 정동영을 지지하는 층에선 수정안의 국회 통과를 부정적으로 봤고, 정몽준, 오세훈, 김문수를 지지하는 층에서는 국회 통과를 긍정적으로 전망해서 박빙을 예상했다. 그러나 결과는 친박계 의원들의 반란으로 제18대 여대야소 국회의 문턱을 넘지 못했다.

주무 장관으로서뿐만 아니라 국민의 한 사람으로서도 두고두고 아쉽고 안타까운 결과였다.

4대강(江) 살리기

시작

결단

장관 주재 비상 경제 대책반 회의

사업의 당위성

문명의 강 VS 자연의 강

해결사 장관

완공

시작

"정 장관! 리먼 사태가 심각합니다. 각국 정상들과 재정을 풀어 글로벌 경제 위기를 타개하기로 합의했는데, 우리 정부가 가용할 수 있는 재정 규모가 30조 원이라고 합니다. 국토해양부에서도 국가 미래를 위해 정부가 꼭 해야 하는 사업인데, 하지 못하고 있는 사업이 있는지 찾아보고 알려 주세요."

이명박 대통령의 전화였다.

국토해양부 캐비닛에서 먼지 쌓인 서류들을 뒤졌다. 지난 정부들이 추진하려고 검토했다가 실행하지 못한 치수 관련 계획서들이 눈에 띄었다. 특히 김대중 정부와 노무현 정부에서는 홍수 피해 예방을 위한 대규모 치수 계획을 세웠다.

김대중 정부는 24조, 노무현 정부는 87조 및 42조의 예산으로 대규모 계획을 수립했는데 실행하지 못하고 사장된 계획서가 남아 있었다. 이를 참고하면서 직원들과 함께 치수(治水) 사업에 대한 검토에 들어갔다.

무엇보다 기후 변화가 심각했다. 2000년대에 들어 빈번한 이상 기후로 강우량은 증가하는데 강수일수는 감소해서 집중 호우가 80년대에 비해 2배로 늘었고, 이로 인한 홍수 피해가 심각한 수준으로 자연재해 피해액도 기하급수로 증가하고 있었다. 뿐만 아니라 1인당 가용 수자원이 세계 평균의 12% 수준으로 연간 물 부족량이 17억 톤에 달했다. 그러나 수위를 조절해서 홍수를 예방하고, 우기 때 내린 물을 보관하면서 전력을 생산하는 댐 건설은 김대중 정부 때부터 거의 중단된 상태였다.

문제를 해결하기 위해 국토 면적의 63.7%에 영향을 미치고, 인구의 62%가 살면서 수자원 부존량이 62.2%에 달하는 4대강, 즉 한강, 낙동강, 영산강, 금강에 주목했다.

강이란 상시 물이 흐르는 게 당연하지만, 4대강은 토사가 쌓여 흐르다 멈추기를 반복하다가 폭우가 내리면 둑이 무너지고 홍수 피해로 매년 수재 의연금을 거두고 있었다. 더구나 4대강 유역에서 경작하는 면적이 6,643ha로 대략 2천만 평이고, 비닐하우스가 33,162동이었다. 방치된 폐기물은 286만 톤으로 조사되어 수습이 불가능한 상태였다.

경작 면적 2천만 평이라는 수치가 실감이 나지 않겠지만, 인구 80여만 명이 거주하는 부천시 총면적이 1천7백만 평이 채 되지 않으니 4대강 안쪽에서 부천시보다 300여만 평이나 더 넓은 면적이 농지로 경작되면서 오랫동안 강을 오염시키고 있었다.

강변에 방치된 폐기물을 286만 톤으로 추정했는데 온갖 쓰레기는 물론 냉장고, 세탁기를 비롯한 각종 기기들과 심지어 사체와 폐차된 트럭까지 온갖 것이 다 버려져 있었다. 10톤 트럭으로 286,000대가 옮겨야 하는 어마어마한 폐기물이었다.

이로 인해 4대강으로 썩어가는 쓰레기와 농사 지을 때 사용하는 농약 등 유해 물질과 가정과 공장에서 버리는 폐수까지 유입되고 있는 현실을 방치할 수 없었다.

직원들과 함께 타 부처에서 경기 부양을 위해 사용할 예산을 고려해서 12조 5,000억 규모의 4대강 살리기 사업 보고서를 작성해서 대통령에게 보고했다.

"치수 사업은 두 번 하기 어려운 사업이니 할 때 제대로 해야 합니다."

이명박 대통령은 4대강 살리기 사업에 반색하면서 추가해야 하는 내용을 지시했다.

홍수 예방을 위해 강을 정비하는 사업에는 역사적으로 둑을 쌓거나 강바닥을 준설하는 두 가지 방법이 사용되었다. 4대강은 오랜 세월 민둥산에서 흘러 들어온 토사로 강바닥이 높아져 있었고, 홍수를 막기 위해 둑을 계속 쌓아와서 강 주변에는 물길보다 낮은 저지대가 많았다. 더 이상 둑을 세우는 방법으로는 홍수를 예방하기 어렵고 기대하는 치수 효과도 미미하다는 판단으로 한반도 대운하에서 검토했던 준설 방식을 도입하기로 의견을 모았다.

대통령은 역사에 두 번 하기 어려운 치수 사업이니 이번 기회에 환경부를 참여시켜 수질 개선을 위한 하수 종말 처리장을 대대적으로 추가하고, 수질 오염의 주범인 '인(원소기호 P)'까지 처리하자고 했다. 그리고 농림식품부도 참여시켜 준설 시에 나오는 흙으로 오랜 숙원이던 저수지 둑을 높이고, 강 근처 저지대 농토를 돋워 양질의 농토로 만들라고 지시하면서 어로(漁撈)를 비롯한 생태계 환경에도 세심하게 신경 쓰라고 당부했다.

대통령의 지시에 따라 수질 개선을 위한 환경부 예산 3.9조 원과 저수지 둑 보강과 저지대 농지 개선 등을 위한 농림식품부 예산 2.9조 원을 추가하고, 준설 비용을 확대한 15조 4천억의 국토해양부 예산을 더해서 총 22조 2천억 원으로 4대강 살리기 마스터플랜을 세웠다. 죽어가는 강을 살리는 문제는 나라와 국민을 지키는 시급한 사안이었다.

결단

이명박 정부는 출범한 지 얼마 지나지 않아 역사상 최대 규모의 부도로 기록된 리먼 브라더스(Lehman Brothers) 사태로 가슴을 쓸어내렸다.

국책 은행 중의 하나인 KDB 산업은행이 리먼 브라더스 사업의 일부분을 인수하기 위해 가격을 조율하고 있었는데, 위험을 감지한 정부에서 막판 협상을 무효화하고 9월 10일 인수 포기를 공식화했다. 리먼의 주가는 하루 만에 45%가 폭락하고, 추석 연휴 마지막 날인 2008년 9월 15일 파산 보호 신청을 하면서 세계 경제는 유래를 찾기 어려운 침체 속으로 빨려 들어갔다.

이명박 대통령은 리먼 사태 여파로 세계 경제 침체가 심화되자 2009년 1월 8일 비상 경제 대책 회의를 출범시켰다. IMF 국가 부도 이후 최악의 글로벌 경제 위기였다.

1,400선을 유지했던 주가는 900대로 폭락했고, 1,100원 수준이던 원달러 환율은 1,400원대까지 폭등했다. 그리고 2008년 4분기 경제 성장률은 전분기 대비 마이너스 4.5%로 IMF 때의 2/3에 이르는 수준이었다.

비상 경제 대책 회의는 일자리 창출과 정부 예산의 효율적인 조기 집행 방안을 핵심 주제로 논의에 들어갔다. SOC(사회 간접 자본)에 투자를 확대해서 일자리를 창출하고, 세제 지원과 재정의 조기 집행 등 재정 정책을 적극적으로 시행하기로 했다. 그리고 기준 금리를 6차례에 걸쳐 인하하면서 금융 불안을 완화하고, 보유 외환 및 미국, 일본, 중국과 통화 스와프를 통해 외환 시장을 안정시켜 충격을 최소화했다.

그런데 전 국민이 힘을 합쳐 글로벌 경제 위기를 헤쳐가고 있던 2009년 5월 23일 새벽, 노무현 전임 대통령의 갑작스런 사망으로 정치적, 사회적 변수가 발생했다. 김대중, 노무현 대통령으로 이어온 좌파 정권 10년을 청계천 사업으로 대변되는 이명박 대통령에게 빼앗겼다고 생각하는 좌파 이념 우선 주의 세력들이 이 사건을 계기로 이명박 대통령을 미움이 아닌 증오의 대상으로 만들기 위해 좌표를 찍었다.

청계천에 트라우마가 있는 정치 세력은 팬덤을 형성한 지지층을 흥분시키고 국민을 분열시켰다. 이들은 이명박 정부의 대표적 사업인 4대강 살리기를 악질 사업으로 지목하고, 이에 대한 왜곡과 선동이 광우병 사태 때보다 심했다.

정치권은 물론 환경주의자를 자칭하는 단체들이 앞장서서 집요하게 공격하더니 급기야 지방 법원에 소송을 제기했다. 2009년 11월 26일, 4대강범대위와 4대강 사업 위헌위법국민소송단이라는 단체가 '4대강 살리기 마스터플랜'을 취소하고, 각 강의 유역별로 고시된 지방국토관리청의 하천 공사 시행 계획 및 국토해양부 장관이 수자원공사에 취한 실시 계획 승인을 취소하라는 소송을 제기하는 동시에 각 처분의 효력을 정지해 달라는 집행 정지 신청을 서울지방법원(한강), 부산지방법원(낙동강), 대전지방법원(금강), 광주지방법원(영산강)에 각각 제기했다.

국토해양부는 4개 법원을 각각 상대해야 했고, 법원별로 어떤 판결이 나올지 긴장해야 했다. 그나마 도롱뇽이 원고가 아니라 다행이었지만 인천국제공항, 경부 고속 철도, 댐 건설 등 국책 사업이 추진되는 곳에는 언제나 등장하는 인물들이 4대강 살리기 반대에도 어김없이 등장했다. 4개 법원 중에서 한 법원이라도 애매한 판결이 나오면 그 파장은 예측할 수조차 없었다. 그러나 다행히 4개 법원에서 1심과 2심 모두 정부가 승소하고, 2015년 12월 대법원에서 상고 기각으로 원고 패소 판결을 함으로써 대법원에서 4대강 살리기 사업이 합법하다는 판결을 받았다. 그러나 대법원 판결에도 불구하고 한번 반대는 계속 반대였다.

물 부족 국가에 대해서도 논란이 있었다. 국제인구행동연구소(PAI: Population Action int'l)에서 발표한 자료에 따르면 한국의 1인당 물 사용 가능량이 2000년도 1,470m^{2}에서 2007년도 1,452m^{2}로 줄었다. 이미 1990년대 초부터 물 사용 가능량이 줄어들고 있었지만 아무도 관심을 가지지 않고 있다가 물 부족 국가에 포함되었다는 발표가 나오자 논란이 일었다. 일부 단체는 PAI가 UN에 소속된 기관이 아니라는 이유를 들어 자격을 문제 삼고 대한민국은 어느 나라보다 물이 풍요로운 나라라고 주장하며 본질을 흐렸다.

그러나 아무리 긍정적으로 생각해도 국토의 70%가 급경사를 이루는 산지로 되어 있고, 강수량의 대부분이 여름철 장마 형태로 집중되고, 높은 인구 밀도로 재생 가능한 수자원량이 1인당 1,700m^2 이상인 물 풍요 국가의 기준에 미치지 못했다. 또 현실적으로 연간 물 부족량이 17억 톤에 달하니 정부로서는 빠르게 늘어나는 물 부족 현상을 대비해야 했다. 그러나 대형 댐을 추가로 건설하는 일은 거의 중단되어 있으니, 흐르는 강물을 살려야 했다. 그러나 일부 단체는 한국은 맑은 물이 풍요로운 나라라고 주장하며 4대강 살리기를 반대했다.

뿐만 아니라 대한민국은 1인당 국민 소득이 20,000달러 대에 오랫동안 머물러 있고 리먼 사태로 잠시 성장이 주춤거리지만, 머지 않아 선진국 수준에 진입할 텐데 1인당 공원 면적은 $8.6m^2$로 선진국의 30% 수준에 그치고 있었다. 공원이 부족한 현실에서 강을 이용한 레저 활성화와 시민 공원 조성은 꼭 필요했지만, 오랜 공직의 경험으로는 역사적으로 나라 발전에 유익한 국책 사업일수록 반대하는 세력들이 더욱 극성을 부렸다.

반대주의자들은 미국산 소고기를 즐겨 먹으면서도 광우병을 외치고, 논리가 증명되고 실체가 확인되어도 설득은 불가능했다. 간혹 소신으로 반대하는 분들이 있긴 했지만, 반대주의자들은 사실 여부와 관계없이 처음부터 반대가 목적이었다.

"위기 앞에 머뭇거려서는 아무 일도 할 수 없습니다. 지금은 희망과 용기를 가지고 경제 위기 조기 극복을 위한 총력 체제를 구축해야 합니다."

이명박 대통령은 단호했다.

장관 주재 비상 경제 대책반 회의

이명박 대통령은 2009년 1월 2일 신년 국정 연설에서 글로벌 경제 위기에 대처하기 위해 비상 경제 정부 체제로 갈 것을 선포했다. 전 세계가 글로벌 경제 위기에 직면했다.

장관으로서 최악의 경제 위기를 극복하는 데 국토해양부가 앞장서고, 당면한 현안에 발 빠르게 대응하기 위해 장관 주재 비상 경제 대책반 회의를 신설하고 1월 4일 첫 회의를 열었다. 3개 부처가 통합되어 방대한 업무를 담당하고 있고, 중요한 현안이 많은 국토부의 특성상 장차관들과 간부들이 한자리에 모여 차분히 업무를 점검하는 시간이 필요했다. 그러나 근무 시간에는 다들 바빠서 격의 없는 토론이 불가능했다.

매주 일요일 14:00, 장관 주재 비상 경제 대책반 회의를 하겠다고 선포했다.

참석자는 1, 2차관과 실·국장 및 정책관 등으로 하고, 운영 지원과에 지시해서 당일 회의에 참석하는 간부 이외는 주말에 출근하지 않도록 단단히 조치했다. 안건은 주요 정책 현안과 국회 대응 자료 등으로 하고 자유로운 주제로 토론을 했다.

갑자기 휴일을 뺏긴 간부들의 불만은 이해되었지만, 경제 위기 속에서 공직자가 일상을 누리는 것은 국민에 대한 도리가 아니라고 생각했다.

비상 경제 대책반 회의에서 4대강 살리기, 보금자리 주택, 녹색 성장 등 핵심 국정 과제의 추진 상황과 주요 쟁점을 점검하고, 장관이 직접 주요 현안을 진두지휘하자 업무 긴장도가 높아졌다. 회의 진행은 장관의 일방적인 지시보다 간부들이 현안을 토론하게 하고, 문제 의식과 해결 방안을 공유하도록 유도하자 간부들의 토론 참여도가 높아졌다. 토론을 통해 업무를 결정하니 별도로 결재 받을 필요가 없어졌지만, 장관의 결재가 시급한 사안은 회의를 마치고 차분하게 보고하고 결재했다. 토론이 뜨거워지자 휴일을 빼앗긴 불만이 줄어들면서 현안은 빠르게 대처되고, 업무 효율성은 크게 높아졌다.

회의하다 보면 토론된 내용 중에서 대통령에게 보고해야 할 사안들이 있었다. 원래는 장관이 단독으로 보고했지만, 청와대와 상의해서 해당 실·국장을 대동하고 보고를 들어갔다. 실무 책임자가 대통령에게 보고하도록 분위기를 잡자 이명박 대통령은 현장 상황을 잘 아는 실무 책임자의 보고를 기뻐했고, 실·국장들은 현장 상황을 대통령에게 직접 보고할 수 있게 되자 신이 났다. 보고를 마치면 대통령은 실무자들에게 사안별로 질문하고, 장관의 역할은 대통령과 실무자들 사이에서 질문하고 토론하는 과정을 중재하는 것이었다. 많은 일들이 속도 있게 진행되었다.

장관직을 수행하는 동안 대통령에게 보고해야 할 사안이 생기면 주말을 이용해서 해당 실·국장을 대동하고 청와대로 들어가 대통령을 뵙고 격의 없이 토론했다.

이전에는 상상도 할 수 없는 보고 방식이었는데 대통령이 실무진들의 동반 보고를 좋아하니 청와대 참모들도 대통령의 주말 일정을 조정하며 협조해 주었다. 대통령 대면보고를 다녀온 직원들의 사기는 충천했고, 더욱 책임감을 가지고 업무에 임했다.

이명박 대통령은 일하는 방법을 아는 CEO형 미래 대통령으로 진정한 선진 국정의 실현이었다.

사업의 당위성

4대강 살리기는 강이 죽었다는 것을 전제로 할 수 있는 표현인데, 누구도 시비하지 못했다. 그동안 치수 사업은 홍수가 나면 홍수를 수습하기 위해 보수하는 방식을 중심으로 이루어졌다면, 4대강 살리기는 예방을 목적으로 한 미래 사업으로 죽어가는 강을 살리기 위한 사업이었다.

2008년 12월, 이명박 정부는 4대강 살리기 사업을 공식화했다. 주무 부처인 국토해양부는 2009년 2월, 산하에 치수 사업을 통한 SOC 투자 확대와 일자리 창출을 위한 4대강 살리기 기획단을 조직하고, 4월에 '4대강 살리기 추진 본부(본부장 심명필 교수)'로 확대 개편했다. 그리고 6월에 '4대강 살리기 마스터플랜'을 확정했다.

영산강 유역을 시작으로 역사적인 4대강 살리기 사업이

착공되자 정치권에서는 즉시 한반도 대운하 사업이 막히자 4대강 살리기로 방향을 전환한 위장 사업이라고 포문을 열었지만 사실과는 거리가 먼 주장이었다.

이명박 대통령은 도산 안창호 선생이 1919년 임시 정부가 세워진 중국 상해에서 연설한 '강산 개조론'을 강조하며 4대강 살리기 사업을 승인했다.

"문명스럽지 못한 산에 나무를 가득히 심고, 강에는 물이 풍만하게 흐르도록 하면 민족이 행복해 질 수 있다. 산림과 하천을 개조하면 농업, 공업, 상업 등이 크게 융성할 것이고, 개조하지 않으면 홍수로 인해 강산이 황폐화된다."

박정희 대통령이 주도한 치산(治山)이 이루어진 후, 뒤늦은 감이 있지만 이명박 대통령이 주도하는 치수(治水)가 본격적으로 시행되었다.

주무 장관으로서 조국의 미래와 안녕을 위한 역사적인 치수 사업을 진두지휘하는 행운이 주어졌다. 전국에 펼쳐 있는 강들을 상대로 한 거대한 사업이었다.

공직에 있는 동안 수많은 국책 사업을 추진하면서 PM(Project Management)과 현장 중심의 중요성을 체험했다. 그래서 4대강 살리기 추진 본부에 이재붕 실장과 고칠진 국장 등 핵심 참모들을 배치하고, 장관은 현장 중심으로 뛰기로 했다.

100년, 200년 빈도의 가뭄과 홍수를 대비하는 사업으로 치산(治山)이 되지 못해 어려웠던 시절에 강으로 흘러내려 온 토사가 오랫동안 강바닥을 높여 홍수 예방과 물 확보를 위해서는 준설이 필수였다. 그러나 일부 직원들조차 준설에 대한 이해와 전문성이 부족했다. 그동안 강둑을 쌓아왔던 경험이 경험하지 못한 고정된 관념을 바꾸지 못해 한반도 대운하를 검토했던 준설 전문가들을 투입했다.

4대강 살리기 공사에는 1군에 속한 건설 업체들이 대부분 참여했다.

변화무쌍(變化無雙)한 강에서 벌어지는 공사는 예측이 불가능하니 건설 회사 선정은 구간별 입찰과 중요 구간은 턴키(turnkey) 방식으로 계약을 체결했다. 일부에서 턴키 공사 방식을 문제 삼아 공격했지만, 강이라는 불확실한 환경에서 시행되는 건설인데다 상당한 유지 보수 비용이 들어가는 공사이니 일괄 수주 계약이 갑을 양자에게 적합한 방식이었다.

4대강 반대파의 논리를 하나하나 자료를 제출하며 반박하자, 이번엔 한꺼번에 하지 말고 한 개 강에서 시범 사업을 해 보고 결과가 좋으면 다른 강들로 점점 확대하자는 단계론이 등장했다. 언뜻 들으면 그럴듯하지만 국책 사업을 해 보지 않았거나, 하지 말라는 주장이었다. 대규모 예산

금강 공주보

금강 부여보(백제보)

이 투입되는 전국 단위 국책 사업은 동시에 돈을 풀고 동시에 준공해야 한다. 착공하고 나서 준공까지 시간이 끌리면 예산은 기하급수로 늘어나고, 사업의 본질이 훼손된다. 더구나 변화무쌍한 강에서 벌어지는 4대강 사업은 그렇게 여유롭게 할 수 있는 국책 사업이 아니었다.

글로벌 경제 위기로 얼어 있는 지역 경제에 돈을 풀어 경제를 활성화하기 위한 조치로 공사 물량의 30%를 지자체에 위탁했다. 그런데 일부 지방 자치단체장들이 권한을 오해하고 중앙 정부에서 시행하는 국책 사업을 자신이 속한 정당의 논리에 따라 대응하는 정치 현실이 안타까웠다.

현실적으로는 농업 보상이 큰 문제였다. 공사를 시작하려면 강에서 농사 짓고 있는 농부들에게 보상금을 주고 철수시켜야 하는데, 돈 문제는 언제나 민감해서 쉽지 않은 과제였다. 어느 강부터 성사시키느냐가 협상의 중요한 포인트였다. 첫 번째 협상부터 삐거덕거리면 안 좋은 소문이 나고 다른 강에도 악영향을 미쳐 분위기가 험해질 것이 자명했다.

고향을 흐르는 금강을 첫 번째 대상으로 부여 백마강 주변에서 수박, 참외 등 채소와 과일 재배하는 농가를 찾아가 대표자를 만났다. 충남 출신의 장관이 찾아와서 4대강 살리기의 당위성을 설명하고, 정부에서 규정한 범위에서 신속하게 보상을 처리하겠다고 설득하자 흔쾌히 협조를 약속했다. 대표자의 조건은 신속한 보상 처리였다. 걱정을 많이 했는데 의외의 반응이었다.

금강 농민들이 4대강 살리기를 지지하며 보상 협상을 타결하자, 뒤이어 강변 농사가 가장 많은 낙동강 농민들도 보상에 동의하며 4대강 살리기를 지지했다. 분위기가 협조하는 쪽으로 잡히자 한강과 영산강에서도 정치와 무관하게 농지 보상 문제를 원만하게 타결했다. 사실 농업 보상 문제는 대통령도 염려하는 부분이었다. 그러나 강에서 농사 지어온 농민들의 강에 대한 생각은 일반인들보다 훨씬 깨어 있었다.

그런데 갑자기 언론에서 4대강 안에서 농사를 못 짓게 해서 배춧값이 올랐다고 비난하는 사람들이 등장했다. 대표적인 고랭지 채소인 배추의 가격 인상이 4대강 주변 농지와 무슨 연관이 있는지 모르지만 일부 단체들이 배추 가격 인상을 이유로 4대강 반대 피켓을 들었지만 공사는 차질 없이 진행되었다.

문명의 강 VS 자연의 강

인류는 자연의 강에서 문명을 피웠고, 자연의 강에서 탄생한 문명이 강으로 흘러 문명의 강이 되었다. 이를 조절하는 것이 4대강 살리기의 핵심이었다.

문명의 중심을 흐르는 강을 아마존강처럼 자연의 강으로 방치할 경우 문명 사회에는 재앙이 되었다. 자연의 강을 보존하는 방법이 자연 그대로 방치하는 거라면, 문명의 강을 보존하는 방법은 치수였다. 4대강은 자연의 강의 기능을 넘어 문명의 강이 되어야 했다.

문명의 강(Cultural River)을 대표하는 런던의 템스강은 오염된 강을 살리고 활용하기 위해 45개의 보를 설치했고, 파리의 센강은 34개, 독일의 라인강은 86개, 미국의 미시시피강은 43개의 보를 설치해서 치수, 이수, 배수, 정화, 위락, 그리고 강에 배를 띄우고 전기를 발전하는 문명의 기능을 더하며 죽어서 악취 나던 강을 살렸다.

한국에서도 4대강 살리기가 대규모 강 정비 사업의 첫 번째가 아니었다.

서독 바덴바덴에서 1981년 9월 30일 '88 서울올림픽대회' 유치가 결정되자, 곧바로 총사업비가 1조에 육박하는 한강 종합 개발 계획이 발표되었다. 당시로서는 엄청난 투자였다.

사실 여부는 확인할 수 없지만 한강 종합 개발 아이디어는 현대건설에서 제안하고 전두환 대통령이 즉석에서 수락한 사업이라고 알려졌는데, 그도 그럴 것이 86 아시안게임과 88 서울올림픽은 국운을 건 행사로 올림픽 주경기장과 서울 중심을 흐르는 한강의 정비는 당시로서는 필수 이상으로 중요했다.

한강 종합 개발의 목표는 올림픽 이전에 백사장으로 전락한 한강을 사시사철 물이 넘쳐 흐르게 하고, 고수부지를 공원화해서 시민들에게 휴식 공간을 제공하고, 올림픽 대로를 신설하고 강변북로를 확장해서 동서 교통망을 확충하고, 강을 이용한 유람선과 레저-스포츠를 활성화하는 것이었다.

이를 위해 저수로를 정비하고 김포대교에서 천호대교 부근 암사동까지 36km에 이르는 강바닥을 준설해서 높이

자연의 강을 보존하는 방법이 자연 그대로 방치하는 거라면,
문명의 강을 보존하는 방법은 치수였다.
4대강은 자연의 강의 기능을 넘어 문명의 강이 되어야 했다.
문명의 강(Cultural River)을 대표하는 런던의 템스강은
오염된 강을 살리고 활용하기 위해 45개의 보를 설치했다.

를 골랐다. 강폭을 650~900m로, 수심을 2.5m로 준설하는 한편 상류와 하류에 각각 수량을 조절하는 잠실수중보와 신곡수중보를 설치해서 밀물과 썰물의 영향을 받지 않고 사계절 한강에 강물이 가득 흐르게 했다. 뿐만 아니라 수질 개선을 위해 하수 처리 시설에만 5,427억 원의 공사비를 투입했다.
86 아시안게임 직전에 완공된 한강 종합 개발로 서울은 강물이 넘쳐 흐르는 오늘의 모습으로 전 세계에 소개되었다.

이뿐 아니라 강을 정비해서 성공한 사례가 또 있었다. 오염으로 악명 높던 울산시 태화강 정비 사업이었다. 태화강은 1970년대 이후 급격한 산업화로 2000년도 이전까지 악취가 심하고 오염된 강으로 악명이 높았다. 그러나 강을 살리기 위한 시민들의 노력과 정부의 태화강 살리기 정책으로 하천을 정비하자 태화강을 떠났던 연어와 은어가 산란을 위해 돌아오는 1급수 강으로 회복되었다. 뿐만 아니라 매년 태풍으로 강이 범람하여 피해가 컸던 태화강 인근 지역에 홍수 피해가 크게 줄었고, 순천만과 함께 국가정원으로 지정되어 도심을 흐르는 가장 가치 있는 강으로 변모했다.
어쩌면 이명박 대통령이 4대강 살리기를 반색하며 적극적

낙동강 함안보

낙동강 함안보 수변 공간

으로 추진할 수 있었던 배경에는 현대 시절 한강 종합 개발의 경험과 울산 태화강의 변모를 지켜본 현대맨의 자신감이 더해졌을지 모른다는 생각을 했다.

그러나 세상은 아버지를 아버지라고 부르지 못하고, 좋은 것을 좋다고 표현하지 못하는 홍길동들이 큰소리치는 세상으로 변해가고 있었다.

해결사 장관

전국에 펼쳐 있는 4대강 살리기 공사 현장을 주 1회 이상 찾아갔다.

장관이 현장을 방문할 때는 본부와 국토지방청에서 필요에 따라 10~30명 규모의 해당자들이 동행하고, 때론 공사 범위가 너무 넓어 헬리콥터를 타고 현장을 둘러보면서 즉석에서 확인하고 지시했다. 장관이 현장을 둘러보는 목적은 현장의 애로 사항을 확인하고 해결하고자 하는 시찰이었다. 그러다 보면 현장에서 식사 시간이 걸렸다. 공사 현장이 민가와 떨어져 있는데다 장관이 왔다고 간부들이 현장을 떠나 식사하지 않도록 방문 때마다 봉투에 30만 원을 넣어 함바집에 지불하고 현장 인력들과 함께 식사했다.

4대강 살리기는 토목 공사 경험이 많은 전문가들에게도 어려운 공사였다.

그동안 강을 관리하는 토목 사업은 제방 축조에 초점을 맞춘 제한된 사업으로 인식되었는데, 4대강 살리기는 준설, 제방 보강, 첨단 가동보 건설, 수질 개선, 생태계 개선, 쓰레기 제거, 경작지 이전, 소수력 발전 건설 등을 포함한 종합적이고 새로운 방식이니 기존의 패러다임에서 벗어나는 게 쉽지 않았을 것이다. 그러다 보니 현장에서 브리핑을 받으면 애로 사항들이 튀어 나왔다. 장관이 할 수 있는 일은 즉석에서 해결해 주고, 타 부처와 논의가 필요한 일들은 돌아와서 결과를 반드시 알려 줬다. 이로 인해 해결사 장관의 방문을 기다리는 현장이 늘어났.

공사는 예정대로 진행되었고, 윤곽이 드러나고 있는 현장에 여름 장마철이 다가왔다.

강 안쪽 여물지 않은 현장에 비가 많이 오거나, 상류에서 홍수가 나면 속수무책으로 무너질 수 있었다. 현장에서 나름대로 대비하겠지만 책임자로서는 하늘을 향해 기도하지 않을 수 없었다. 기도 덕분인지, 국운이 좋아서인지 매년 장마철 큰비는 주로 공사 현장을 피해 하류에 내렸다.

한강 상류에 이포보, 여주보, 강천보가 세워지고 상시 침수 지역이 멋지게 변모했다.

현장에서 브리핑을 받으면 애로 사항들이 튀어 나왔다.
장관이 할 수 있는 일은 즉석에서 해결해 주고,
타 부처와 논의가 필요한 일들은 돌아와서 결과를 반드시 알려 줬다.
이로 인해 해결사 장관의 방문을 기다리는 현장이 늘어났다.

금강에는 세종보, 공주보, 백제보가 세워져 물이 부족한 충청권을 도왔고, 영산강은 담양 홍수 조절지, 승천보, 죽산보, 화순 홍수 조절지, 하구 둑 개선을 통해 오염의 강이라는 이미지를 씻어내고 맑은 물이 넘쳐 흐르는 강으로 살아났다. 남한에서 가장 긴 낙동강에는 상주보, 낙단보, 구미보, 칠곡보, 강정보, 달성보, 합천보, 함안보 등 8개 보와 하구 둑을 증설해서 물이 풍부하게 흐르면서도 범람하지 않는 강이 되었다.

뿐만 아니라 환경부의 오랜 숙원이었던 하천 내 경작지와 비닐하우스가 제거되었고, 강변에 퇴적된 폐기물이 말끔히 청소되었다. 3.9조 원을 투입해서 1,281개의 하수 종말 처리장을 증설하고 5,000억 원을 들여 오염의 주범인 인(P) 화합물을 처리하는 총인 처리 시설을 설치했다. 이로 인해 유사 이래 가장 획기적으로 수질이 개선되었다. 또 농림식품부에서는 2.9조 원을 들여 110개소 저수지 둑을 높이고 정비해서 가뭄에 대비했다.

그러나 반대 소리는 여전했다. 대부분 논리와 근거가 빈약한 개인적인 주장임에도 정부는 진정성 있는 답변으로 설득했지만 논란은 줄어들지 않았다. 일부 환경주의자와 정치 세력은 출발점부터 목적이 달라 합리적인 논리로는 설득이 불가능했다.

그러나 이들의 반대 투쟁보다 더 안타까운 것은 정권을 이양 받은 박근혜 정부였다.

무슨 이유인지 속내는 알 수 없지만 박근혜 정부는 4대강 살리기, 보금자리 주택, 세종시 개선안 등 이명박 정부의 중점 정책들에 대해 고개를 흔들 만큼 적대적으로 폄하했다.

그중에서도 4대강 살리기는 박근혜 정부에서 금기어가 되었고 화살의 과녁이 되었다.

그럼에도 불구하고 4대강 살리기 논쟁이 줄어들지 않고, 혜택을 누리는 국민들의 호응이 나오기 시작하자 박근혜 정부는 국무총리실 소속 국무 조정실에 4대강 조사 지원팀(5명)을 만들고, 4대강 사업을 조사 평가하겠다고 발표했다. 목적을 가진 평가라는 우려가 있었지만, 4대강을 지휘했던 장관으로서는 최소한의 공정성만 지켜 줘도 결과에 자신 있었다.

박근혜 정부의 '4대강 사업 조사 평가 위원회'는 찬성과 반대의 극에 있는 인사들은 배제하고, 이해 관계가 약한 민간 차원의 중립적 인사 13명으로 구성했다고 했다.

조사의 범위를 수자원, 수환경, 농업, 문화 관광 4개 분야로 정하고, 16개 세부 과제를 수행하기 위해 각 분야의 전문가들로 수자원 33인, 수환경 28인, 농업 10인, 문화 관

영산강 함안보

영산강 죽산보

광 8인으로 총 79인으로 조사 작업단을 구성했다.
2013년 9월부터 2014년 12월까지 16개월 동안 조사를 했는데, 예상했던 것처럼 4대강 사업을 조사하는 방향과 기준이 이명박 정부에서 추구했던 핵심과 미세한 차이는 있었지만 비교적 중립적인 평가가 나왔다.

평가 내용을 요약하면;
1) 홍수 예방에 대해선 4대강 주변 홍수 위험 구역이 홍수 위험에서 해소되거나 경감되어 93.7%가 혜택을 누리고, 농경지 리모델링 지구는 홍수 피해에서 대부분 해소되었다고 평가했다.
2) 수자원 확보에 대하여는 댐 건설 비용의 20% 수준으로 가뭄 대비 비상용수를 확보했고, 하천 유지유량, 기후 변화를 고려할 시 수자원 계획량은 적절하다고 평가했다. 단 가뭄 지역 공급 시스템 구축이 필요하다고 평가했다.
3) 부족한 여가 공간을 감안할 때 대표적인 국토 탐방로인 4대강 자전거 길의 사업 취지는 긍정적이고, 이용객의 만족도가 높아 전반적으로 양호하다고 평가했다.
4) 수질과 생태 환경에 대해서는 하천 내 경작지(6,643hr) 제거로 하천으로 유입되는 오염 물질이 크게 줄었고, 인 제거와 1,281개소 하수 종말 처리장 신설 등 환경 기초 시설 확충으로 수질 개선이 되어 2급수 이상 좋은 물 비

중이 2006년 76%에서 2012년 86%로 높아졌다고 평가하면서 어도(魚道)와 생태 습지 등 생태 복원에도 좋은 평가를 했다.

박근혜 정부의 평가임을 감안한다면 '4대강 사업 조사 평가 위원회'의 평가는 박하지만 기대 이상이었다.

완공

경제 위기를 극복하고 죽어가는 강을 살리겠다는 이명박 정부의 결단은 출발부터 반대 세력에 시달렸지만 최선을 다해 차질 없이 추진됐다.

시대에 따라 국가 발전과 국민의 문명 환경(文明環境) 조성을 위해 꼭 필요한 고속 도로, 고속 철도, 인천공항, 청계천 등 국익에 유익한 사업들일수록 다른 목적을 가진 위장 세력들로부터 극한 반대에 시달렸다. 사업의 성격과 무관하게 반대에 앞장서는 사람들과 단체들은 대부분 겹쳤는데 싱크로율(synchro)이 아주 높았다.

노무현 정부에서도 치수와 홍수 피해 예방은 꼭 필요한 사업이라는 인식이 있었다.

강 관리 사업을 제방 축조에 초점을 맞춘 제한된 사업으로 보면서도 42조 혹은 87조의 예산으로 대규모 치수(治水), 이수(利水) 사업 계획을 수립했지만 실행은 못했다.

이명박 정부의 4대강 살리기 사업은 심각한 기후 변화와 물 부족까지 고려하여 기존의 패러다임을 뒤집고 준설, 제방보강, 첨단 가동보, 수질 개선, 생태계 개선, 쓰레기 제거, 경작지 이전, 소수력 발전소를 포함한 종합적인 치수 사업으로 설계했다. 특히 댐의 기능을 대체할 보(洑) 건설은 홍수 예방뿐만 아니라 댐의 기능을 대체할 마르지 않는 물 저장고로 인근 지하수의 수위까지 높이는 효과가 있었다. 그리고 증설된 하수 종말 처리장과 총인 처리 시설은 수질 개선에 크게 기여했다.

강을 살리자는 취지에 반대하는 국민이 있겠는가? 아마 모두가 찬성일 것이다.

그러나 정치권의 생각은 달랐다. 국익보다 선거의 유불리가 판단의 기준인 일부 정치인들은 그렇기 때문에 반대해야 했다.

계획이 발표되자마자 한반도 대운하를 운운하며 착공하지 말라고 반대하더니, 공사가 진행되자 임기 내에 완공하지 말고 단계적으로 천천히 하라고 반대했.

전국을 흐르는 강 안에서 물과 사투를 벌이는 4대강 공사는 우기를 피해 동시 다발적으로 빠르고 신속하게 진행해야 가능하고, 공사 기간이 지연되면 공사 비용은 기하급수로 늘어나 임기 내에 준공하지 못하면 그 상태로 방치될 가능성이 높았다.

어려운 여건에서 공사가 진행되고 현장의 윤곽이 드러나자 이번엔 생뚱맞게 한국은 물 부족 국가가 아니라고 반대하면서 그러면 물 풍족 국가인가?라는 질문에는 답이 없었다.

공사가 마무리되어 메말랐던 강에 물이 넘쳐 흐르고 생태계가 살아나자, 이번엔 이상 기온으로 한여름 폭염이 극심할 때 발생하는 녹조를 녹조라테라고 부르며 맹목적으로 비난했다. 미국산 소고기를 먹으면 미친다고 차라리 청산가리를 먹겠다고 했는데, 이번엔 녹조라테를 마시면 죽는다고 차라리 농약을 먹겠다고 공포를 조성했다. 그러나 녹조는 괴물이나 공포스러운 존재가 아니었다. 그동안에도 폭염이 있던 여름에는 발생해 왔고, 최근 이상 기후로 강의 수온이 25도 이상으로 데워지면서 수온에 민감한 녹조가 심해진 것이었다. 이를 대비하려면 환경부에서 생활하수를 정화하고, OECD 평균 10배를 사용하는 비료 사용량을 줄이고, 식수에 유입되지 않도록 주의가 필요했다. 녹조 현상이 심해져 물의 표면을 뒤덮으면 수중으로 들어가는 햇빛이 차단되고, 용존 산소량이 줄어들어 생태계에 문제가 발생할 수 있으나 필요에 따라 보의 수문을 개방하여 녹조를 흘려 보내거나 이미 개발된 다양한 방법으로 녹조 관리가 가능했다. 녹조는 강을 관리하는 데는 귀찮은 존재지만, 수자원 선진국에서는 일부러 녹조를 배양하여 지용성 비료를 만들고, 분해 가능한 플라스틱을 만드는 원료로 사용하고 있다.

4대강 반대론자들의 녹조와 수질에 대한 주장은 환경부에서 충분히 논리적으로 대응이 가능했다. 환경부는 4대강 사업으로 수질 개선을 위한 사업비 3.9조 원을 투입해 1281개의 하수 종말 처리장을 신설했고, 녹조 발생의 주원인인 총인 처리에 5천억 원을 투입했다. 역대 어느 정부에서도 하지 못한 대규모 수질 개선 사업이었다.

그런데 수질과 하수 처리 업무를 담당하는 환경부가 환경주의자의 논리에 편승해서 적극적으로 대응하지 않고 침묵했다. 정부의 일원으로서 이해되지 않는 침묵이었다. 이로 인해 한여름 폭염으로 발생한 녹조라테는 보 건설을 반대하고, 보를 파괴하라고 주장하는 강경 반대 세력들에게 빌미를 제공하는 폭탄이 되었다. 환경 보호와 환경주의자들의 주장을 식별하지 않은 환경부의 모호한 대응이 부른 국가적 참사였다.

이명박 정부의 4대강 살리기는 공사 기간과 예산 집행의 범위 안에서 차질 없이 집행된 국책 사업으로 PM(사업 관리)에 성공했다. 국책 사업에서 유례를 찾기 어려운 성과였다.

메말랐던 강에 물이 넘쳐 흐르고, 오염으로 찌들었던 강의 생태계가 회복되고, 어로를 통해 물고기가 돌아오고, 가뭄과 홍수의 위협에서 벗어나고, 버려졌던 강변에 물과 친화적인 시민 공원이 조성되고, 관광과 수상 레저가 활성화됐다.

4대강 공사가 마무리되면서 청와대 영빈관에서 대통령을 모시고 당·정·청이 모인 가운데 4대강 살리기 보고회가 있었다. 이때 주무 장관으로서 성과를 발표했다.

이전까지 죽어가던 강이 살아나 치산(治山)에 이어 우리 국토에 치수(治水)가 이루어진 것은 대통령이 관심을 가지고 직접 챙기는 사업이었기에 가능했고, 비와 전쟁을 치러야 하는 사업이었는데 공사하는 동안 기적처럼 4대강을 피해 비가 왔으니 하늘이 대한민국을 도왔던 사업이었다. 뿐만 아니라 4대강 살리기에 앞장섰던 공직자와 건설에 참여했던 업체와 직원들의 헌신이 이룬 결과였다고 보고했다.

헤르만 헤세의 문장을 인용하면 "아는 척하고 혹평하는 사람들이 아니라, 사랑하고 인내하며 용서할 줄 아는 사람들이 늘 승리했다."

4대강 사업이 완공되고 나서 지인들과 함께 남한강 상류 이포보를 둘러보았다.

이포보 상류에는 1986년 10월에 완공한 저수용량 27억 5천만 톤의 충주 다목적 댐이 있다.

각종 용수를 공급하고, 수력 에너지를 생산하고, 한강 하류지역 홍수 피해를 경감시킬 목적으로 지어진 충주 댐은 한강 인도교 홍수위를 1m까지 저하 경감시켰다. 그러나 충주 댐 유역에서 유입되는 물량은 50억 톤으로 충주 댐의 저수 용량만으로는 홍수위를 조절하기가 버거웠다. 그러다 보니 한강 상류에 큰비가 내리면 충주 댐은 수문을 열고 물을 흘려 보내야 했다. 이로 인해 여주 일대가 자주 침수되고, 한강 하류 홍수위는 위협을 받고 있었다.

남한강 위쪽에 세워진 이포보를 지나 여주보로 가는 길에 여주 홍수 조절지를 둘러봤다. 양촌 저류지라고도 하는 여주 홍수 조절지는 인근 농경지와 하천 부지 185만m²(56만 평)를 7미터 깊이로 파서 1,530만 톤의 물을 저수할 수 있는 공간을 조성했다.

강둑을 따라 8km 도로를 내고 임시 활주로도 만들었다. 평소에는 사이클 연습장 등 스포츠 시설과 희귀 동물들과 철새들이 서식하는 캠핑장과 자연공원으로 사용하다가 홍수가 나면 충주 댐에서 방류하는 물을 가두어 한강 하류의 홍수위를 낮추게 했다.

한강 여주보

한강 자전거 길

남한강 상류의 상시 침수 지역을 준설과 보, 그리고 홍수 조절지를 설치해서 홍수위를 최대 4m까지 낮추고 200년 빈도의 홍수에 대비했다. 선진국들이 10,000년 빈도의 홍수에 대비하는 것에 비해 크게 부족하지만 최선을 다한 의미 있는 도전이었다.

그러나 마음 한구석엔 아쉬움이 남았다. 4대강에 이어 국토의 핏줄처럼 흐르는 지천(支川)을 정비하겠다는 계획을 수립했는데, 강력한 반대에 부딪쳐 끝까지 실행하지 못했다.

이포보와 홍수 조절지를 둘러보던 지인이 농담처럼 한마디를 던졌다.

"장관님! 앞으로 수재 의연금 내는 일은 없겠네요."

의원 면직

최장수 장관

이임(離任)

소회(所懷)

최장수 장관

장관에 취임한 지 3년이 넘었다. 역대 건설, 교통, 국토해양부 장관을 통틀어 최장수 장관을 경신한 지는 오래되었고, 4대강 살리기는 반대파들의 극성에도 불구하고 예정대로 진척되어 마무리를 앞두고 있었다.
언론에서는 4대강 살리기는 물론 보금자리 주택 공급과 철도 노조 파업 등 주택, 철도, 해양 분야의 각종 현안들을 대과 없이 잘 처리하고 있다고 평가했다.

장수 장관을 하다 보니 함께 호흡을 맞추던 차관들이 먼저 자리를 떠났다.
2년 6개월 동안 제1차관으로 함께 일해온 권도엽 차관과 1년 7개월 동안 제2차관으로 호흡을 맞췄던 최장현 차관이 동시에 이임식을 하게 됐다. 원래 차관 이취임식에는 행사의 주인공에게 관심이 집중되도록 장관이 참석하지 않는 것이 정부 부처의 관례라고 하지만 자처해서 이임식에 참석해서 덕담을 나눴다. 관례보다 함께 일해온 차관들에 대한 감사의 마음이 먼저였다.

행정 고등 고시 제10회 동기들 중에서 마지막으로 발탁된 장관이었다. 동기들이 장관으로 활동할 때 산하 기관에서 CEO로 10년을 근무하다가 공직을 마쳤는데, 이명박 정부가 출범하면서 장관으로 발탁되는 행운이 찾아왔다. 그러나 대통령과 함께 일했던 경력이 없었고, 개인적으로도 교류가 없었던 장관이라서 그런지 처음에는 국무 위원 중에서 아웃사이더에 가까웠다. 그런데 언제부턴가 언론에서 이명박 대통령과 코드가 가장 잘 맞는 장관이라는 평가가 나왔지만 측근으로 분류하지는 않았다.
어찌 되었든 늘공 출신 장관으로 사심 없이 신바람 나게 일했지만 어깨는 늘 무거웠다.
이명박 정부는 시작부터 10년을 집권했던 좌파 이념 우선주의자들의 극렬한 저항에 시달렸고, 리먼 사태로 촉발된 역사적 최악의 글로벌 금융 위기 속에서 출범했다. 그런 와중에 정부의 중점 사업인 4대강 살리기, 보금자리 주택, 경인 아라뱃길, 세종시 수정안 등이 모두 국토해양부 소관으로 하나하나가 정치권의 핫이슈였다.

어찌 보면 IMF 때보다 더한 경제 위기 상황에서 이명박 정부는 고환율 정책을 잘 활용해서 전 세계가 마이너스 성장을 할 때 G20 국가 중에서 유일하게 플러스 성장을 하면서 세계 GDP의 2.1%를 차지하는 기록을 세웠다. 이전 정부에서는 상상할 수도 없는 성과였다.

수출에서는 세계 9번째로 2년 연속 무역 1조 달러의 신화를 기록하고, 무역 수지 흑자를 연속으로 400억 달러 이상 달성하면서 종합 주가 지수가 2011년 1월 4일, 2085선을 넘어 사상 최고치를 경신했다.

그리고 경실련(경제정의실천시민연합) 자료에 따르면 서울 집값이 김대중 정부 때 73%, 노무현 정부 때 94%까지 상승해서 부동산 위기를 초래했는데, 이명박 정부에서 '보금자리 주택'이라는 저렴하고 거주 환경이 좋은 서민용 주택을 공급해서 서울 집값 상승률을 마이너스 13%로 내리며 부동산을 안정시켰다고 했다.

이런 국정 운영의 성과로 IMF 국가 부도 때보다 더 심각한 제2차 세계 대전 이후 최악의 글로벌 경제 위기라는 리먼 사태를 대다수 국민들은 실감하지 못하고 지나갔다.

이임(離任)

국토해양부 장관에서 2011년 5월 31일 자로 의원 면직했다.
이명박 정부에서 국무 위원으로 지낸 3년 3개월은 행복했지만 긴 시간이었다. 아내는 나라를 위해 할 일이 더 있을 거라고 위로했지만, 40년을 전력으로 달려와서 더는 뛸 수 없었다. 이제 65세, 은퇴할 때가 된 것이다.

대강당에서 이임식이 열렸다. 관례와 달리 아내와 함께 초대받은 이임식장에 플래카드가 걸려 있었다.
"정종환 장관님! 우리는 당신과 함께 행복했습니다."
많은 일들이 주마등처럼 지나갔지만 공직은 능력만으로 수행되지 않았다.
어려운 일이 닥칠 때마다 돕는 손길이 있었다. 함께 호흡해온 후배들과 직원들은 물론, 교통부로 옮겨와서 지금까지 기꺼이 후견인이 되어 주신 최승열 회장님과 장관의 길을 가르쳐 주신 오명, 추경석, 강동석 장관님 등 선배 장관님들과 나를 추천하고 능력을 인정해 준 고시 동기 이건춘 장관, 최종찬 장관 등 동기들이 곁에 있었다. 그리고 늘 지지하고 능력을 인정해 준 친구 강창희 국회의장과 그 무엇보다 나를 발탁하고 무한한 신뢰를 보내 준 이명박 대통령이 떠올랐다. 보이지 않는 손에 이끌려 온 40년이었다.

국토해양부 직원 일동으로 제작한 재임 기념패에는 이렇게 적혀 있었다.

"당신께서는 국토해양부 초대 장관으로서 화합의 리더십으로 통합 부처를 성공적으로 이끌어 주셨습니다. 4대강 살리기와 경인 아라뱃길 사업, 보금자리 주택, 철도와 대중 교통 중심의 녹색 교통 기반 구축, 미래 고부가 가치 국토 해양 산업 경쟁력 강화, 해외 건설 사상 최대 수주액 달성, 인천공항 6년 연속 서비스 평가 세계 1위 등 놀라운 성과를 창출하셨습니다.

당신은 우리의 선배였고, 리더였고, 멘토였습니다. 우리의 꿈을 열어 주셨고, 그 꿈을 하나하나 현실로 바꾸어 가는 열정을 보여 주셨습니다.

당신은 우리에게 땀의 보람과 자부심이란 큰 선물을 남겨 놓고 떠나십니다. 당신이 남긴 꿈과 열정, 보람과 자부심을 저희들이 이어가겠습니다. 감사했습니다. 행복했습니다.

당신이 앞으로 걸어가실 앞날에도 건강과 더 큰 영광이 늘 함께하길 기원합니다."

퇴임하고 얼마간의 시간이 지난 어느 날, 충남도청의 홍 국장이라고 전화가 왔다.
충청남도와 일본의 나라현 사이에 자매결연이 되어 있는데, 나라현 지사가 나라현립대학에서 4대강에 대해 특강을 부탁하면서 초빙 교수로 위촉했다는 전화였다. 나라현에서 3선에 성공한 아라이 지사의 초청이었다.
관광 국장 시절부터 이어 온 인연이지만 연락이 뜸했는데, 장관을 마치자 어떻게 알았는지 초대해 준 것이다. 흔쾌히 수락하고 아라이 지사를 만나러 나라현으로 가기 위해 인천국제공항으로 갔다. 퇴임 후 처음 방문하는 인천국제공항은 활기가 넘쳤다. 조용히 다녀오려고 했는데 인천국제공항공사에서 브리핑을 하겠다고 했다. 장관 시절에 기획하고 승인했던 3단계 사업, 제2여객터미널 공사 현황에 대한 내용으로 자연 채광과 나무들이 자라는 녹색 터미널이 멋지게 건설되고 있었다. 공직에 대한 보람과 함께 지난 시간에 대한 감사가 밀려왔다.

백제와 유대가 깊었던 고대 일본의 중심지로 백제의 칠지도를 보관하고 있는 나라현에 소재한 나라현립대학에서 4대강 살리기에 대해 특강을 했다.
일본 학생들이 4대강에 대해 무슨 관심이 있을까 싶었는데 참석한 학생들 중에는 동남아에서 유학 온 학생들이 많았다. 이들은 4대강 사업보다 나라 발전을 위해 책임 있게 도전하는 한국 공직자의 열정에 감동하는 분위기였다. 특강을 마치고 아라이 지사가 초대한 식당으로 갔더니 생각지도 못한 손님들이 기다리고 있었다. 일본 정부 항공과 관광 분야에서 일했던 고위직 공무원들인데, 아라이 지사의 연락을 받고 퇴직을 축하하기 위해 신칸센을 타고 각지에서 모였다. 이들과 지난 일들을 회상하며 회포를 푸는데 그들은 젊은 시절에 회담에 임하는 나의 열정과 나라 사랑을 인상 깊게 기억하고 있었다. 생각지도 못한 감사한 선물이자 만남이었다.

이임 후에 셋째 아들 재욱이가 국적은 다르지만 뿌리가

같은 좋은 짝을 만나 결혼했다.

그동안 공직에 열중하다 보니 마음과는 달리 다정다감한 아버지의 역할은 부족했는데, 아내와 가족들의 이해와 격려로 40년 공직을 무사히 마치고 이임할 수 있어 감사하고 미안했다.

소회(所懷)

"수고 많으셨습니다."
공직 40년은 생각보다 긴 시간으로 수고하셨다는 말이 절로 나왔다.
"장관님! 이제 이야기를 마무리하시지요."
공직에 초점을 맞추다 보니 아무래도 가족들과의 내용이 부족해서 죄송했고, 열정적이지만 조심스러운 성품으로 시간이 지나면 못 다한 이야기가 다 아쉬움이 되겠지만 이쯤에서 정리하자고 종용했다.

"회고록을 마무리하시면서 남기고 싶은 말씀이 있으면 해주세요."
감사했다!, 미안했다! 이런 내용을 기대했는데 예상을 빗나갔다.

여전히 나라 걱정을 하셨다. 윤석열 정부를 염려하면서 환경 경찰 역할에 충실해야 할 환경부가 수질이 아니라 수자원까지 관리하는 현실을 몹시 안타까워했다. 하기야 어떻게 만들어 온 나라인데 본질에서 벗어나면 누군들 그러지 않겠는가? 여전히 생각 속에는 나라 걱정이 먼저인 것 같아서 좋다고 해야 할지, 그만 내려 놓으시라고 해야 할지 모르겠지만 천직이 공직자였다.

회고해 보니 열정만큼이나 순탄한 공직의 길을 걸어온 게 아니라 무모한 도전의 연속이었다. 그런데 신기하게도 도전했던 대부분의 사업이 공직 중에 열매를 맺었.

인천국제공항, 고속 철도, 제주 내국인 면세점, 구로 철도 교통 관제센터, 대전 철도 트윈타워, 경인 아라뱃길, 보금자리 주택 등등 다 열거할 수 없지만, 특히 4대강 살리기는 장관 시절에 기획해서 착공하고, 그 열매를 임기 중에 거두었다. 후배들이 왜 SOC의 대부로 여기는지 납득이 되었다.

"장관님! 공적인 얘기 말고 개인적인 소회를 말씀해 주세요."

흐트러진 분위기를 잡고 다시 질문했다.

"내 인생은 은혜였고, 감사였습니다."

진심이 느껴졌다. 긴 시간을 회고했지만 감사해야 할 사람들이 일일이 열거할 수 없을 만큼 많았고, 은혜라고밖에는 설명할 수 없는 시간의 연속으로 다른 말로는 설명이 되지 않는다고 하면서 불쑥 한 마디를 더했다.

"보이지 않는 손에 이끌려 나라를 위해 일한 40년이 행복했습니다."

- 끝 -

공동 저자
후기

후기

20여 년 전, 제주국제자유도시개발센터(JDC) 해외 투자 자문 위원으로 위촉되어 이 책의 주인공이자 저자인 정종환 님을 처음 뵈었습니다. 첫 만남에서 남다른 열정의 공직자라는 인상으로 매료되어, JDC를 떠난 뒤에도 서로의 안부를 전하며 지냈습니다.

퇴임하신 후에는 '국격 있는 선진국을 생각하는 모임(국선생)'이라는 나라를 사랑하는 분들의 모임을 함께하면서 배움을 주시고, 스승이 없어 아쉬워하던 제게 한 분의 스승이 되어 주셨습니다. 그러니 후반 20년의 이야기에 증인인 셈입니다.

제가 한국어 버전으로 제작한 뮤지컬 중에 '노트르담 드 파리'라는 빅토르 위고 원작의 작품이 있는데, 서곡에 "인간의 욕망은 유리와 돌 위에 역사를 쓴다."라는 노랫말이 나옵니다.

모든 게 빠르게 잊혀지고 사라지는 시대에 욕망을 위해서

가 아니라 후대를 위한 의미 있는 도전으로 쉽게 사라지지 않을 돌 위에 역사를 썼습니다. 아무도 알아주지 않을지 모르지만, 죽어 가던 강을 살려 맑은 물이 넘쳐 흐르게 하는 일, 세계에서 가장 친절하고 안전한 국제 공항을 만드는 일, 고속 철도를 개통해서 전국을 반나절 생활권으로 만드는 일 등 국가가 부여한 임무를 40년 동안 주도하고 참여하면서 사심과 사욕을 멀리하고, 국민의 더 나은 삶을 위한 의미 있는 도전으로 SOC(사회 간접 자본) 사업의 대부라는 별칭을 얻었습니다.

하나같이 쉬운 일이 없었던 것 같은데, 좋은 선후배들을 만나 함께 헤쳐나간 40년이 하루처럼 행복했다고 회상하며 나라를 사랑하는 후배 공직자들에게 뒷이야기를 남기셨습니다. 대한민국이 흥왕(興旺)하던 40년의 이야기를 현장의 시선으로 회상하며 한 권의 책으로 남기는 작업에 공동 저자로서 참여한 것은 배움이고 보람이었습니다.
부디 나라를 사랑하는 공직자의 진솔한 회고록이 이념과 정치적인 이유로 왜곡된 사실을 바로 하는 데 도움이 되길 기대합니다.

공동 저자 **정홍국**

저자 프로필

화보

정종환(鄭鍾煥)

초대 국토해양부 장관(2008년 2월 ~ 2011년 5월)

학력
청양중학교
청양농업고등학교
고려대학교 정치외교학과
워싱턴 대학교(University of Washington) 대학원 경제학 석사
서울과학기술대학교 명예 행정학 박사

경력

1980년   항공 정책 과장
1981년   도시 교통 과장
1983년   수송 조정 과장
1986년   국제 항공 과장
1989년   교통부 공보관
1991년   도시 교통 국장
1992년   항공 국장
1993년   관광 국장
1995년   건교부 국토 계획 국장
1996년   기획 관리 실장
1997년   수송 정책 실장
1998년~ 철도청장
2002년~ 제주국제자유도시개발센터 이사장
2003년~ 고속철도건설공단 이사장
2004년~ 한국철도시설공단 이사장
2008년~ 국토해양부 장관
2013년~ 아시아 투데이 상임 고문

상훈

1992년   홍조 근정 훈장
2001년   황조 근정 훈장
2011년   청조 근정 훈장

국무 위원 국토해양부 장관 임명장 수여

초대 국토해양부 장관 취임식

경인 아라뱃길 기공식

호남 고속 철도 기공식

경부 고속 철도 공사 현장 점검

4대강 살리기 기획단 현판식

해양경찰청 시찰

인천국제공항 2단계 준공

4대강 살리기 공사 현장 점검

이임식

의미 있는 도전
강에는 물이 넘쳐 흐르고

판권
인쇄

2023년 4월 5일 발행

저　자 / 정종환·정홍국
발행인 / 이무형
발행처 / 태학원

신고번호 / 제 406-2014-000130호
주소 / 경기도 파주시 파주읍 향양말길 11-13
전화 / 031-941-4136
팩스 / 031-624-4139

가격 / 20,000원

ISBN　978-89-92832-98-4